Mosaik bei
GOLDMANN

Buch

Mobbing, das ist Psychoterror am Arbeitsplatz, der den Betroffenen das Leben zur Hölle macht. Die häufigen Folgen: psychische Probleme, gesundheitliche Schäden, Arbeitsunfähigkeit bis hin zu Selbstmord. In den meisten Fällen stehen die Opfer den Mobbern wehrlos gegenüber, denn deren üble Methoden sind nur schwer zu beweisen, und nicht immer sind Arbeitgeber willens und fähig, die Betroffenen zu schützen.
Holger Wyrwa, selbst Opfer von Mobbingattacken und heute in der Mobbingberatung tätig, stellt Gegenmobbing-Strategien vor, mit denen man sich wirkungsvoll zur Wehr setzt – und zwar mit den Waffen der Mobber selbst! Fallgeschichten und praktische Lösungsansätze bereiten den Gemobbten optimal auf die psychologische Kriegsführung vor und geben ihm das nötige Selbstvertrauen.

Autor

Holger Wyrwa, Dr. phil., ist Pädagoge, Psychotherapeut und Dozent in der Erwachsenenbildung und leitet das Institut für systemische Beratung und Pädagogik in Gelsenkirchen. Seine Tätigkeitsbereiche sind u. a. Coaching, Persönlichkeitsentwicklung, Mitarbeiterführung und Mobbingberatung. Der Autor wurde selbst eineinhalb Jahre lang gemobbt und hat sich erfolgreich dagegen zur Wehr gesetzt.

Holger Wyrwa

Mobbt die Mobber!

So setzen Sie sich gekonnt zur Wehr

Mosaik bei
GOLDMANN

Die Ratschläge in diesem Buch wurden vom Autor und vom Verlag sorgfältig erwogen und geprüft, dennoch kann eine Garantie nicht übernommen werden. Jegliche Haftung des Autors bzw. des Verlags und seiner Beauftragten für Personen-, Sach- und Vermögensschäden ist ausgeschlossen.

Für Bärbel

FSC
Mix
Produktgruppe aus vorbildlich bewirtschafteten Wäldern und anderen kontrollierten Herkünften
Zert.-Nr. SGS-COC-1940
www.fsc.org
© 1996 Forest Stewardship Council

Verlagsgruppe Random House FSC-DEU-0100
Das für dieses Buch verwendete FSC-zertifizierte Papier *Munken Print* liefert Arctic Paper Munkedals AB, Schweden.

1. Auflage
Vollständige Taschenbuchausgabe Juli 2006
Wilhelm Goldmann Verlag, München,
in der Verlagsgruppe Random House GmbH

Umschlaggestaltung: Design Team München
Satz: Uhl + Massopust, Aalen
Druck und Bindung: GGP Media GmbH, Pößneck
BS · Herstellung: Han
Printed in Germany
ISBN 10: 3-442-16804-X
ISBN 13: 978-3-442-16804-0

www.goldmann-verlag.de

Inhalt

In unserer heutigen Zeit müssen wir wieder lernen,
unsere Angelegenheiten selbst in die Hand zu nehmen,
für unser Schicksal selbst verantwortlich zu sein.

Wir dürfen uns nicht der Illusion hingeben,
dass andere sich für unsere Ziele und Bedürfnisse
engagieren und uns wirklich helfen wollen.

Weder Kollegen noch Arbeitgeber noch Staat.

Es kann jeden treffen

1,5 Millionen Mobbingopfer in Deutschland, 800.000 in Österreich, 2 Millionen in Frankreich. Tendenz: steigend.

Mobbing, das ist Psychoterror am Arbeitsplatz – die systematische Zerstörung von Menschen, die psychisch wie physisch an dem enormen Druck, den Vorgesetzte oder Kollegen auf sie ausüben, zerbrechen. Wer mobbt, kämpft mit den übelsten Methoden. Und die Opfer stehen in vielen Fällen den Mobbern wehrlos gegenüber. Denn der Psychoterror am Arbeitsplatz ist nur schwer zu beweisen, und nicht immer sind Arbeitgeber willens und dazu fähig, ihrer Fürsorgepflicht nachzukommen und die Betroffenen zu schützen.

Es gibt keinen Schutz vor Mobbing. *Es kann jeden treffen. Jederzeit.* Deshalb ist es unerlässlich, auf Mobbingattacken vorbereitet zu sein. Nehmen Sie das Schicksal in die eigene Hand, wenn niemand Ihnen hilft, und warten Sie nicht auf ein Wunder. Denn das wird nicht geschehen.

Viele Mobbingopfer werden mit ihren Problemen alleine gelassen. Konventionelle Lösungen helfen häufig nicht. Im schlimmsten Fall werden die Opfer eines solchen Psychoterrors regelrecht in den Selbstmord getrieben. Aber allein schon das systematische Verbreiten von Gerüchten, Angriffe auf das berufliche und soziale Ansehen, das Erzwingen von sinnlosen Arbeitsleistungen oder solchen, die weit unter dem Können des Gemobbten liegen, das Lächerlichmachen der Person reichen aus, um die psychische und physische Gesundheit eines Menschen stark zu beeinträchtigen und ihn so nachhaltig zu schwächen.

Von Mobbing betroffen zu sein bedeutet, mit zum Teil brutalster psychischer Gewalt konfrontiert zu werden – etwas, was für viele Menschen in unserer »zivilisierten« Welt kaum vorstellbar ist. Und doch ist es allergewöhnlichste Alltagsrealität.

In der Beratung von Mobbingopfern erzählten mir Betroffene von ihren Gefühlen der Hilflosigkeit und Ohnmacht. Nicht zuletzt dieser Umstand führt in vielen Fällen dazu, dass Menschen psychisch und physisch nachhaltig erkranken.

Ich selbst wurde über eineinhalb Jahre lang intensiv und exzessiv gemobbt. Doch obwohl mir niemand half, habe ich mich dabei nie hilflos und ohnmächtig gefühlt. Denn ich habe mich auf eine Weise zur Wehr gesetzt, die der üblichen Vorgehensweise in solchen Fällen nicht entspricht: Nachdem ich bemerkte, dass ich mit friedlichen Mitteln die Auseinandersetzung am Arbeitsplatz nicht beenden konnte, setzte ich die Mittel ein, die die Mobberin gegen mich eingesetzt hatte. Ich ging also zum Gegenmobbing über – und konnte so meine Gesundheit und meine Selbstachtung erhalten. Meinen Arbeitsplatz behielt ich nicht – obwohl es möglich gewesen wäre –, allerdings wurde mir eine der höchsten Abfindungen zugesprochen, die in der Institution, in der ich gearbeitet hatte, jemals gezahlt wurde.

Im Folgenden werde ich Ihnen 20 Strategien vorstellen, mit denen Sie sich in aktuellen oder auch künftigen Situationen wirkungsvoll gegen Mobber zur Wehr setzen können, *wenn alle herkömmlichen Verteidigungsmöglichkeiten versagt haben.*

Die meisten der hier vorgestellten Strategien habe ich selbst erfolgreich angewandt. Andere habe ich in meiner Beratungspraxis mit Mobbingopfern passend für ihre jeweilige Situation entwickelt.

Schlagen Sie die Mobber mit ihren eigenen Waffen! Haben Sie keine Skrupel, nehmen Sie keine Rücksicht. Denn niemand hat sie Ihnen gegenüber. Machen Sie sich stets bewusst: Es geht um Ihr Leben, um Ihre Gesundheit, um Ihre berufliche und auch private Zukunft. Je schneller Sie dies begreifen, umso eher werden Sie dazu in der Lage sein, sich zu schützen und sich effektiv zur Wehr zu setzen. So traurig und bedauerlich es auch ist und so sehr es auch Ihrem Verständnis von Humanität widersprechen mag: Beim Mobbing kann es in der Regel nur einen Sieger und einen Verlierer geben.

Im besten Fall zwingen Sie den oder die Mobber mit Ihrer systematischen Gegenwehr in die Knie. Im realistischen Fall holen Sie psychisch, physisch, finanziell, beruflich das Beste für sich heraus und schützen sich dabei wirkungsvoll vor gesundheitlichen Schäden. Im schlechtesten Fall bleibt alles so, wie es ist.

Ich möchte Ihnen nichts vormachen. Wer den oder die Mobber mobbt, hat kein einfaches Leben. Aber als Mobbingopfer haben Sie das schon lange nicht mehr. Das normale Leben gehört ein für alle Mal der Vergangenheit an. Von nun an befinden Sie sich sozusagen im Krieg. Wer diese Formulierung übertrieben findet, der lese die folgenden Kapitel über das Mobbing und die daraus resultierenden psychischen und psychosomatischen Folgen sorgfältig durch. Danach werden Sie der gleichen Meinung sein.

Im Kapitel »Die Hilflosigkeit ist das Schlimmste« (s. S. 21 ff.) werde ich kurz zwei Mobbingschicksale schildern: die allmorgendliche Verfassung eines Gemobbten auf dem Weg zu seinem Arbeitsplatz, und meine eigene Fallgeschichte, die das gesamte Buch in Form von Beispielen durchziehen wird. Anhand meiner persönlichen Erfahrungen werde ich Sie durch dieses Buch führen und Ihnen detailliert die Gegenmobbing-Strategien vorstellen und erläutern.

Im folgenden Kapitel »Mobbing – Psychoterror ohne Grenzen« (s. S. 36 ff.) erhalten Sie eine kurze Einführung ins Thema Mobbing, die deutlich machen wird, mit welcher berechnenden Grausamkeit Mobber zu Werke gehen.

Im zweiten Teil des Buches werden die Gegenmobbing-Strategien dargelegt. Hier werden die Psyche der Gemobbten und der Mobber unter die Lupe genommen, deren Kenntnis wichtig ist, um die Strategien wirkungsvoll einsetzen zu können.

Dem folgen eine Analyse Ihrer eigenen beruflichen Situation, falls Sie bereits ein Mobbingopfer sein sollten, und eine Widerstandsanalyse Ihrer Person, damit Sie sich optimal auf die Auseinandersetzungen vorbereiten können, sollten Sie zu den Gegenmobbing-Strategien greifen wollen.

Im Anschluss daran erhalten Sie eine Einführung in die psychologische Kriegsführung. Hier stelle ich Ihnen das PASSAGE-Prinzip vor, das auf sieben Grundregeln der psychologischen Kriegsführung basiert, die Sie beim Einsatz der Strategien unbedingt beachten müssen.

Schließlich werden Ihnen 20 Gegenmobbing-Strategien vorgestellt, die Ihnen – mittels Beispielen und praktischen Analysen – eine Fülle von umsetzbaren Anregungen bieten, damit Sie sich gegen Ihre Unterdrücker am Arbeitsplatz erfolgreich zur Wehr setzen können.

Zur Schreibweise:
Natürlich sind in diesem Buch sowohl Männer als auch Frauen angesprochen. Der einfacheren Lesbarkeit halber wurde jedoch auf die Schreibweise -in/-innen verzichtet.

Teil 1

Die Mobbingfalle – Wie Menschen systematisch unterdrückt werden

»Die Hilflosigkeit ist das Schlimmste!«

Es ist 7.55 Uhr. Herr Sebald sitzt in seinem Auto. Er blickt auf das Firmengebäude, in dem er arbeitet. In fünf Minuten beginnt sein Arbeitstag. Er verbringt diese fünf Minuten in seinem Wagen. Der Gedanke, zu früh an seinem Arbeitsplatz zu sein, ist ihm unerträglich. Für ihn bedeuten diese fünf Minuten fünf Minuten zusätzliche Freiheit. Die Zeit genießen kann er jedoch nicht. Immer wieder sieht er auf die Uhr. Jede Sekunde, die verstreicht, bringt ihn seinem Vorgesetzten näher.

Frank Sebald, 38 Jahre, Vater von zwei Kindern, Besitzer eines Eigenheims, das noch lange nicht abgezahlt ist, starrt auf die Uhr. Sein Magen krampft sich zusammen. Seit Wochen schon hat er Probleme damit. Früher gelegentlich. Jetzt fast ununterbrochen. An die Schmerzen hat er sich schon fast gewöhnt. Auch, dass in Situationen wie dieser sein Herz und sein Puls rasen.

Die fünf Minuten sind um. Langsam steigt Herr Sebald aus seinem Wagen. Drei Minuten wird er zu spät kommen.

Mindestens. Die Stechuhr ist unerbittlich. Aber das ist Herrn Sebald gleichgültig. Vielleicht wird er es schaffen, die drei Minuten nachzuarbeiten oder besser die anderthalb Stunden, die sich mittlerweile auf seinem Zeitkonto angesammelt haben. Aber er glaubt es nicht.

Acht Minuten hat er insgesamt gewonnen. Acht Minuten, in denen er nicht von seinem Vorgesetzten schikaniert werden kann. Manchmal fängt dieser ihn schon vor seinem Büro ab, macht eine abfällige Bemerkung oder gibt ihm einen Arbeitsauftrag, der in der vorgegebenen Zeit nicht zu bewältigen ist.

In Panik denkt Herr Sebald daran, was wohl heute auf ihn zukommen wird, was sich sein Chef wohl diesmal ausgedacht haben mag, um ihn zu demütigen. Ständig kreisen seine Gedanken um diese Befürchtung. Er kann sich ihnen nicht entziehen. Sie sind immer da. Sie sind in seinem Kopf und drehen dort ihre Runden. Schon wenn er am Morgen aufwacht nach einer unruhigen Nacht, seit einiger Zeit mit Alpträumen durchsetzt, gilt sein erster Gedanke seinem Vorgesetzten.

Die Schmerzen in seinem Magen werden heftiger. Er nimmt eine Tablette.

Herr Sebald tritt durch die Empfangshalle. Es ist 8.03 Uhr. Der Pförtner sieht nicht auf. Früher hat er ihn immer gegrüßt. Seit Wochen tut er es nicht mehr. Herr Sebald regt sich darüber nicht mehr auf. Er hat keine Kraft mehr dazu. Und seine Kraft muss er einteilen, um den Tag zu überstehen. Er steigt in den Fahrstuhl. Wie soll er reagieren, wenn er auf seinen Vorgesetzten trifft? Seiner Frau hat er einige Ideen dazu am Frühstückstisch erzählt. Doch die hört kaum noch hin, wenn er von seiner Arbeit spricht. Sie kann es nicht mehr hören.

Der Gang über den Flur bis zu seinem Büro wird zur Qual. Sein Vorgesetzter ist nirgendwo zu sehen. Herr Sebald ist erleichtert. Für den Moment. Denn jeden Augenblick kann die Tür zum Büro seines Chefs aufgehen. Doch heute geschieht dies nicht.

Der Gang ist lang. Er strahlt bereits eine Bedrohung aus, die Herr Sebald nicht in Worte fassen kann. Was früher so vertraut und harmlos war, macht ihm jetzt Angst. Seine Magenschmerzen werden schlimmer. Er blickt hinter sich, ob sein Vorgesetzter auftaucht oder ein Kollege, der, sobald er ihn entdeckt, schnell wieder in seinem Büro verschwindet.

Es sind nur noch wenige Schritte bis zu seinem Arbeitsplatz. Vielleicht ist sein Chef krank, denkt Herr Sebald, und diese Hoffnung gibt ihm Kraft. Er hofft es jeden Morgen. Seit fast vier Jahren. Vergeblich.

Herr Sebald steht vor seiner Bürotür. Hastig nimmt er seinen Schlüssel aus der Manteltasche, den er die ganze Zeit fest umklammert hatte. Der Schlüssel ist vom Schweiß seiner Hand glitschig und fällt zu Boden. Dieser bedeutungslose Vorgang löst ein Gefühl der Verzweiflung in ihm aus. Er möchte schreien. Vor Wut, vor Enttäuschung, vor Angst, dass genau in diesem Moment sein Vorgesetzter auf den Gang tritt. Vielleicht hat dieser auch das Fallen des Schlüssels gehört, obwohl das unmöglich ist. Er stellt sich nun vor, dass sein Chef glauben könnte, er, Sebald, sei noch nicht da, und damit könnte er sich in seinem Büro für eine Weile sicher fühlen. Der Gedanke ist dumm. Herr Sebald weiß das. Doch er hält sich trotzdem an ihm fest.

Leise steckt er den Schlüssel ins Schloss und öffnet die Tür. Dann schließt er sie ebenso leise hinter sich. Er ist erleichtert. Er hat es geschafft. Die Krämpfe in seinem Magen lassen ein wenig nach. Er durchsucht seinen Schreibtisch, ob etwas verändert ist. Aber er findet kein Anzeichen dafür, dass sein Schreibtisch durchsucht wurde. Vor ein paar Tagen erst fand er in einer Schublade einen Zettel. Auf dem stand geschrieben: »Du kaputte Sau«. Voller Empörung war er zur Geschäftsleitung gelaufen. Die hatte ihn nicht einmal empfangen. Die Sekretärin hatte ihn aufgefordert, mit dem Zettel zu seinem Vorgesetzten zu gehen.

Herr Sebald setzt sich auf seinen Stuhl. Er blickt auf die Uhr. Es ist 8.10 Uhr. Er weiß nicht, wie er die nächsten acht Stunden überstehen soll.

So oder in ähnlicher Weise ergeht es täglich Menschen, die an ihrem Arbeitsplatz von Vorgesetzten oder Kollegen gemobbt werden. Denen Dinge angetan werden, die sich Außenstehende kaum vorstellen können. Man sieht es im Fernsehen, wie Schauspieler in einer Serie gegeneinander intrigieren. Man lehnt sich gemütlich in seinem Sessel zurück und genießt das Schauspiel, das sich vor den Augen entfaltet. Einem selbst kann nichts passieren, und was dort auf dem Bildschirm geschieht, ist reine Fiktion.

Ganz anders, wenn man plötzlich selbst Teil einer Inszenierung ist und damit vom Betrachter eines Schauspiels zum Opfer einer Tragödie wird. Manchmal über Nacht. Manchmal schleichend über Wochen und Monate. Man ist Opfer, den Psychoattacken einer oder mehrerer Personen ausgeliefert. Es ist nur eine Frage der Zeit, bis sich in diesem Menschen Ohnmacht ausbreitet. Wie sagte noch ein Mobbingopfer in einem gemeinsamen Gespräch: »Die Hilflosigkeit ist das Schlimmste!«

Als ich selbst vor einigen Jahren gemobbt wurde, begriff ich die Welt nicht mehr. Eine Reaktion, die jedes Mobbingopfer nachvollziehen kann. Von einem Augenblick zum anderen verändert sich die Arbeitswelt. Gerade ist man noch ein geschätzter Mitarbeiter und plötzlich das genaue Gegenteil davon.

Bevor ich gemobbt wurde – und dieser Prozess dauerte über eineinhalb Jahre an –, war meine Einstellung zu Mitmenschen durch Vertrauen und Offenheit geprägt. Vielleicht waren es Blauäugigkeit, Naivität, mangelnde Erfahrung, die mich dazu veranlassten zu glauben, dass der zwischenmenschliche Umgang von Fairness und Respekt getragen werde. Ich musste jedoch lernen, dass dem nicht (immer) so ist. Als ich gemobbt wurde, musste ich erkennen, dass eine friedliche Koexistenz zwischen Menschen zwar anzustreben, aber nicht immer realisierbar ist.

In der Zeit des Mobbings habe ich Seiten an mir kennen gelernt, die mir bislang verschlossen waren. Ich habe das

Kämpfen gelernt, weil ich früh begriff, dass ich mich in einem Krieg befand. In einem Krieg, in dem es keine Verbündeten gab und in dem es sowohl um mein berufliches als auch um mein geistiges und körperliches Überleben ging.

Ich habe aus diesen anderthalb Jahren keinerlei psychosomatische Folgen davongetragen. Das lag weniger daran, dass ich eine psychotherapeutische Ausbildung hatte. Denn jedes theoretische Wissen, jede noch so differenzierte Fähigkeit zur Reflexion scheitert angesichts einer Realität, die unerbittlicher und grausamer nicht sein kann, die einen mit Ängsten konfrontiert, die man ansonsten nur aus Büchern und Filmen kennt.

Dass ich keine psychosomatischen Folgen davontrug, hatte vor allem den Grund, dass ich mich gegen meine Unterdrückerin aktiv und massiv wehrte. Somit konnten sich nicht jene Hilflosigkeitsgefühle entwickeln, die ansonsten zum Bild des Mobbingopfers zwangsläufig dazugehören.

Was mich schützte, war eine Fähigkeit, die in dem Augenblick erwuchs, als ich sie am dringendsten benötigte: der Wille zum Kampf und der Wille zum Sieg. Diese Fähigkeit war sicherlich nicht das Produkt der Mobbingsituation. Sie war immer da. Aber ich hatte sie bis dato nie gebraucht. Es war nie nötig gewesen, sie entwickeln zu müssen.

Ich habe da ausgeteilt, wo andere Mobbingopfer eingesteckt haben. Vielleicht habe ich dafür mehr einstecken müssen als jene, die sich nicht gewehrt haben. Aber eigentlich glaube ich das nicht. Denn schlimmer konnte es überhaupt nicht mehr kommen.

Was war geschehen?

Ich habe sechs Jahre in einer Gesundheitsbehörde gearbeitet. Viereinhalb Jahre davon verliefen in einem angenehmen Arbeitsklima. Die Tätigkeit selbst war interessant und ließ mir Raum für eigene Ideen. Dann kam eine neue Kollegin, die andere inhaltliche Vorstellungen von meinem Arbeitsbereich hatte. Frau Mustermann (das ist natürlich nicht ihr wirklicher Name) war Leiterin eines Dienstes und mir gegenüber nicht weisungsbefugt; meine Stelle war dem Leiter des Amtes zugeordnet. Da der Dienst personell unterbesetzt war, half ich dort gelegentlich freiwillig aus.

Zunächst verlief die Zusammenarbeit friedlich. Als mir meine Kollegin innerhalb von wenigen Wochen das Ressort einer anderen – ihr unterstellten – Mitarbeiterin anbot und damit indirekt zum Ausdruck brachte, dass man auf diese Kraft in Zukunft verzichten könne, reagierte ich ablehnend.

Ungefähr fünf Wochen nach ihrem Dienstantritt forderte mich Frau Mustermann auf, einen Plan, den ich zur Versorgung der Stadt aufgestellt hatte, in ihrem Sinne zu verändern. Ihre Argumente waren für mich nicht schlüssig, und so lehnte ich eine Veränderung ab. Dies war der Zeitpunkt, an dem das Mobbing allmählich einsetzte. Was nun passierte, zerstörte einen guten Teil meiner Vorstellung von kollegialer Zusammenarbeit.

In einer Besprechung mit verschiedenen Vertretern von Institutionen der Stadt fragte Frau Mustermann während eines von mir gehaltenen Kurzvortrags, ob meine Ausführungen denn der Wahrheit entsprächen. Betretenes Schweigen auf allen Seiten war die Folge. Gegen Ende der Sitzung bat ich meine Kollegin um ein Gespräch und forderte sie höflich auf, derartige Bemerkungen in Zukunft zu unterlassen. Sie war sehr verwundert über meine Forderung und konnte mich nicht verstehen.

In den darauf folgenden Tagen und Wochen kam mir immer häufiger zu Ohren, dass Frau Mustermann meine Arbeit kritisch betrachtete und bezweifelte, dass ich »richtig« arbeiten würde. Dies teilte sie auch dem Leiter des Amtes mit. Innerhalb von nur wenigen Wochen war aus einem bislang geschätzten Mitarbeiter ein unzuverlässiger und »falsch« arbeitender Kollege geworden. Meine Beschwerden gegenüber dem Leiter blieben ohne Erfolg. Er war sichtlich überfordert und bat mich, das alles nicht so ernst zu nehmen. Was ich versuchte. Doch der Versuch misslang.

Ein Teil meiner Arbeit bestand, wie bereits gesagt, darin, freiwillig Aufgaben wahrzunehmen, die dem Dienst zugute kamen, den Frau Mustermann leitete, und hier versuchte sie bereits, mir die Arbeit zu erschweren und den Arbeitsaufwand zu erhöhen. Schließlich teilte ich ihr mit, dass sie in Zukunft auf meine freiwillige Mitarbeit in ihrer Abteilung verzichten müsse. Ich würde mich von nun an nur noch meiner eigentlichen Tätigkeit widmen.

Dies wiederum gefiel dem Leiter des Amtes nicht. Es kam zu Gesprächen, die nichts nutzten. Fortan versuchte die Kollegin, meine Arbeit zu verkomplizieren, wo es nur ging. Informationen wurden nicht weitergegeben. Meine Kompetenz wurde zunehmend in Frage gestellt. Da sie jedoch nicht meine Vorgesetzte war, beschloss ich, sie zu ignorieren. Dies änderte sich, als es ihr nach ungefähr einem dreiviertel Jahr gelang, meine direkte Vorgesetzte zu werden. Von nun an war ich ihr Untergebener.

Was nun geschah, war ein fast neun Monate andauernder Psychoterror. Meine Arbeit wurde ständig kritisiert, ich bekam Aufgaben zugeteilt, die mehr oder weniger sinnlos waren. Sie zwang mich, mich wieder in ihrer Abteilung zu integrieren. Mein Zugang zum Amtsleiter war aufgrund der hierarchischen Struktur versperrt, was mich trotzdem nicht davon abhielt, um Termine zu bitten und ihm den Sachverhalt darzulegen. Die zwei oder drei »klärenden« Gespräche führten jedoch zu nichts. Ich wandte mich an die Personalvertretung der Stadtverwaltung. Dort wurde ich mit tröstenden Worten abgespeist. Der Fall schien niemanden weiter zu interessieren.

Ich begann, mich über das Vorleben meiner Vorgesetzten zu erkundigen, und erfuhr, dass sie auch an ihrer vorherigen Stelle Mitarbeiter gemobbt hatte. Mit dieser Information ging ich in ein Gespräch mit Vertretern des Personalamtes. Doch dort wollte niemand diese Information zur Kenntnis nehmen. Auch mein Amtsleiter und der Verwaltungsleiter ignorierten sie völlig.

Von diesem Moment an wurde mir klar, dass ich auf mich alleine gestellt war und dass herkömmliche Methoden nicht mehr helfen würden, um meine Situation nachhaltig zu verbessern.

Eine der nächsten Aktionen von Frau Mustermann war,

dass ich an den Abteilungsbesprechungen nicht mehr teilnehmen durfte. Ich erhielt eine Einzelsprechstunde, wo ich detailliert über meine Tätigkeiten zu berichten hatte. Mein Büro auf der Etage, in der auch meine Kollegen saßen, musste ich aufgeben und eine Etage höher ziehen. Somit war ich fast vollständig von meinen Kollegen und der Abteilung isoliert. Systematisch wurden mir Aufgaben entzogen. Mehrere Monate saß ich in meinem Büro, bekam keine Telefonanrufe und keine Arbeit zugewiesen. Dann ließ ich mich krankschreiben.

In die Zeit der Krankschreibung fiel ein Seminar, das ich in einer Institution geben wollte. Da ich dieses Seminar aufgrund der Krankschreibung nicht halten konnte – obwohl es mir psychisch sicherlich gut getan hätte –, sagte ich ab. Zwei Tage vor dem Seminartermin rief mich der Leiter der Institution an (er war früher in »meinem« Amt tätig gewesen) und erzählte mir folgende Begebenheit: Ein Mann hatte sich bei ihm telefonisch gemeldet, sich als Herr Meyer vorgestellt und sich zu meinem Seminar anmelden wollen. Der Leiter der Institution erkannte jedoch die Stimme dieses Mannes – es war die des Verwaltungsleiters »meines« Amtes – und sagte ihm unverblümt, dass er wisse, wer er in Wirklichkeit sei. Sofort legte der Mann auf.

Als ich nach zwei Wochen in das Amt zurückkehrte und dem Verwaltungsleiter begegnete, begrüßte ich diesen als Herrn Meyer, worauf dieser mich peinlich berührt in sein Büro bat. Dort beichtete er mir, dass ihn meine Vorgesetzte und der Amtsleiter gezwungen hatten, diese Form der Nachforschung zu starten, in der Hoffnung, dass ich während meines Krankenstandes einer nebenberuflichen Tätigkeit nachgehen würde. Dies hätte natürlich ernstliche Konsequenzen nach sich gezogen.

Der Druck auf mich erhöhte sich in den nächsten Wochen. Ich wurde gezwungen, zweihundert Adressen mit der Hand zu schreiben, weil zur Zeit angeblich keine Schreibkräfte zur Verfügung stünden und ich ja sowieso nichts zu tun hätte. Dieser Aufforderung kam ich widerstrebend nach. Die meisten Mitarbeiter des Amtes durchschauten zwar den Psychoterror, den man mit mir trieb und schienen auch auf meiner Seite zu sein, hielten sich jedoch – für mich im Nachhinein durchaus nachvollziehbar – mit Solidaritätsbekundungen zurück.

Nachdem ich zunächst keinerlei Tätigkeiten zugewiesen bekam, änderte sich die Taktik: Ich erhielt Arbeit in Fülle. Mittlerweile hatte ich einen Anwalt eingeschaltet und mich an den Dezernenten der Stadt um Hilfe gewandt. Doch auch von dieser Seite kam keine Unterstützung.

Da ich einen unbefristeten Arbeitsvertrag hatte, befand ich mich in einer recht guten Position. Nach mehreren Gesprächen mit Vertretern des Personalrates und des Personalamtes, die zunehmend an meiner Hartnäckigkeit verzweifelten, bot ich an, freiwillig zu gehen, wenn man mir eine entsprechende Abfindung zahlen würde. Man willigte schließlich ein. Mir wurde eine Abfindung gezahlt, deren Höhe bei weitem das übertraf, was normalerweise gezahlt worden wäre. Es war und ist vielleicht die höchste Abfindung, die je einem Mitarbeiter, der an die sechs Jahre in einer städtischen Institution gearbeitet hatte, gezahlt wurde.

Noch am gleichen Tag unterzeichnete ich den Auflösungsvertrag, packte meine persönlichen Sachen in einen blauen Container und schleifte diesen und einige andere Kleinigkeiten über die leeren Gänge des Amtes zu meinem Auto. Ich war frei.

Die Höhe der Abfindung war kein Zufall. Dass ich weder psychisch noch psychosomatisch erkrankte, war ebenfalls kein Zufall. Und dass ich mich als Sieger fühlte, obwohl ich meinen Arbeitsplatz aufgab, den von nun an meine ehemalige Vorgesetzte übernahm (und das war u. a. ihr Ziel), war nicht eine Verkennung der Umstände. Ich hatte das System in die Knie gezwungen. Ich ging nicht als Opfer, als Gedemütigter, als Verzweifelter. Ich ging als Sieger. Meinen Arbeitsplatz hatte ich aufgegeben. Ich hätte in diesem Amt oder in einem anderen bleiben können – aber zu einem Preis, der früher oder später meine geistige und körperliche Gesundheit geschädigt hätte. Mein Sieg war, dass ich einen guten Kampf gekämpft hatte. Und erst, als ich zu kämpfen begann, mich nicht mehr als Opfer fühlte, sondern als Täter, ging es mir psychisch und physisch wesentlich besser. Ich bekam eine Abfindung in Höhe von DM 70.000 zugesprochen. Bei einem damaligen Gehalt von brutto DM 4.000 bei einer Dreiviertelstelle war dies eine hohe Summe.

Ich hatte meinen Abgang systematisch vorbereitet. Als ich bemerkte, dass mir niemand half und niemand mir je helfen würde, dass ich ganz allein meinen vier Vorgesetzten und der gesamten Stadtverwaltung gegenüberstand, wurde mir klar, dass ich die Angelegenheit selbst in die Hand nehmen musste. Es wurde mir weiter klar, dass ich nicht zu meinem Recht kommen würde, wenn ich mich mit herkömmlichen Mitteln zur Wehr setzen wollte. Es gab nur zwei Möglichkeiten: resignieren und durchhalten und dabei zwangsläufig früher oder später psychosomatisch zu erkranken – oder kämpfen.

Ich entschied mich für den Kampf. Und ich wollte die Regeln des Kampfes mitbestimmen und sie mir nicht diktieren lassen. Ich entschied mich für die Konfrontation, für den Psychoterror in die Gegenrichtung. Ich schlug zurück. Ziel war Frau Mustermann. Und ich traf sie, wie sie mich traf. Ich wusste, worauf ich mich einließ, und ich war bereit, die Konsequenzen zu tragen. Mir war klar, dass es keine Rehabilitation meiner Person geben würde, dass ich damit würde leben müssen, in den Augen mancher als unfähiger Mitarbeiter dazustehen. Nichts ließ sich mehr ungeschehen machen.

Und so begann ich mit einem gezielten Gegenmobbing. Ich war bereit, die Psyche meiner Gegnerin, meiner Feindin zu verletzen. Ich beobachtete sie, ich analysierte sie, und dann schlug ich zurück. Zunächst glaubte ich noch, sie besiegen zu können, dass sie das Amt verließ und ich blieb. Und es gab Phasen, wie ich erfuhr, wo sie kurz davor stand zu gehen. Bald wurde mir jedoch klar, dass sie ihre Position innerhalb des Amtes und darüber hinaus sehr gut gefestigt hatte. Schon als sie ihren Dienst antrat, gelang es ihr, sich unentbehrlich und bei ihren Vorgesetzten beliebt zu machen. Ich war ersetzbar. Sie war es nicht. Obwohl mir mehrmals zugetragen wurde, dass sie am Ende ihrer Kräfte war, beschwor sie der Amtsleiter zu bleiben. Als mir bewusst wurde, dass ich die gesamte Institution gegen mich hatte, musste ich auch gegen die Institution und ihre mehr oder weniger klaren Regeln kämpfen. Ich bekämpfte sie mit ihren eigenen Waffen und setzte bewusst Informationen ein, um mir Vorteile zu verschaffen.

Für einen Gemobbten bzw. für eine Gemobbte ist es wichtig, dass er bzw. sie so schnell wie nur eben möglich erkennt, dass es nur noch darum geht, die eigene Haut zu retten.

Man nahm keine Rücksicht auf mich. Ich nahm keine Rücksicht auf die anderen. Es war eine völlig neue Erfahrung. Nie hätte ich es für möglich gehalten, dass ich fähig dazu sein würde, mit den gleichen harten Bandagen zu kämpfen, mit denen man gegen mich kämpfte. Natürlich fragte ich mich in dieser Zeit des Öfteren, ob nicht auch ich mehr oder weniger dazu beigetragen hatte, dass es zu einem derartigen Konflikt zwischen meiner damaligen Kollegin und mir gekommen war. Hätte ich mich vielleicht angepasster verhalten sollen, nachgeben sollen? Viele Gemobbte stellen sich irgendwann diese Frage. Doch in der Regel sind sie im wahrsten Sinne des Wortes Opfer und nicht Mitverursacher. Der einzige »Fehler«, den Gemobbte häufig begehen, ist in den meisten Fällen der, dass sie engagierte Mitarbeiter sind, meistens kompetenter als Kollegen und Vorgesetzte, oder einfach nur ein Gesicht haben, das einem anderen nicht gefällt.

Im Nachhinein konnte ich die Frage nach meiner Mitschuld mit einem klaren Nein beantworten. Was ich im Laufe der nächsten Jahre erfuhr, war, dass Frau Mustermann weiter mobbte. Die Angst vor ihr hatte sich im Amt stabilisiert. Die meisten Kollegen, die mit ihr zusammenarbeiten mussten, hatten sich arrangiert, was ich sehr gut nachvollziehen konnte. Erst nach sechs Jahren hatte Frau Mustermann ihre Position als Leiterin des Dienstes nicht mehr inne. Schließlich kündigte sie bzw. wurde ihr nahe gelegt zu kündigen. Ein Regime des Schreckens hat sein Ende gefunden.

Im Folgenden werde ich Ihnen die Strategien vorstellen, mit denen es Ihnen gelingen kann, sich effektiv gegen Mobber zur Wehr zu setzen, wenn alle friedlichen Mittel – *und nur dann!* – ausgeschöpft sind.

Doch zuvor möchte ich Ihnen noch einige grundlegende Informationen zum Thema Mobbing geben. Diejenigen unter Ihnen, die bedauerlicherweise bereits Mobbingerfahrung haben, können das anschließende Kapitel überspringen. Alle anderen Leser und Leserinnen möchte ich bitten, es aufmerksam zu studieren. Sie könnten das nächste Opfer sein. Mobbing kann jeden treffen. Niemand ist davor geschützt. Je mehr Informationen Sie über den Prozess des Mobbings haben, über die Psyche der Mobber und über Ihre eigene, umso besser können Sie Ihre Situation einschätzen.

Mobbing – Psychoterror ohne Grenzen

Ein Phänomen unserer Zeit

Eine wenig erfreuliche Tatsache – nicht nur in der Zusammenarbeit mit anderen – ist, dass unter belastenden Bedingungen fast jeder dazu neigt, seine Mitmenschlichkeit und Kooperationsbereitschaft beiseite zu schieben. Je härter der Überlebenskampf in einer Gesellschaft ist, desto härter die Bandagen, mit denen man zu kämpfen bereit ist. Selbst eine Gesellschaft, die sich als zivilisiert bezeichnet, entkommt dieser Tatsache nicht.

In einer »Ellbogen«-Gesellschaft wie der unseren, wo es häufig nur darum geht, die eigene Position auf Kosten anderer zu sichern und zu verbessern, sind bei vielen Begriffe wie Fairness, Rücksichtnahme, Zurückhaltung aus dem Vokabular verschwunden. Wenn attraktive Arbeitsplätze rar werden, Aufstiegsmöglichkeiten begrenzt sind, Konkurrenten als Feinde empfunden werden, die Toleranz gegenüber anderen Meinungen sinkt, dann steigt die Gefahr, den Kollegen um des eigenen Vorteils willen oder einfach aus Missgunst und Zerstörungslust heraus zu schädigen.

So spielt sich – verdeckt oder offen – insbesondere am Arbeitsplatz das Leben in seinen ursprünglichsten Formen ab: Neid, Streit um die besten Positionen, offizielle wie inoffizielle Rangordnungen, Durchsetzung des Stärksten und Mächtigsten, Koalitionsbildungen, Ängste, Umsturzversuche, Eifersucht, Hass, geboren aus Ohnmacht, im schlimmsten Fall ein Kampf auf »Leben und Tod«, wie dies beim Mobbing nicht selten der Fall ist.

Beginnende und bestehende Konflikte friedlich zu lösen ist in einer schnelllebigen Zeit zum Luxusgut geworden, das sich manche nicht mehr leisten wollen. Stattdessen setzen sie auf radikale Lösungen ohne Wenn und Aber, die kein Reflektieren der eigenen Verhaltensweisen und kein Einfühlungsvermögen in die Psyche anderer mehr nötig machen.

Fehlt ein solches Einfühlungsvermögen, wird der andere zum »Ding«, das bedenkenlos vernichtet werden kann, ohne dabei auch nur die geringste Reue zu empfinden. Einfühlungsvermögen zu haben und zu entwickeln bedeutet, Nähe zu anderen Menschen aufbauen, sich in ihre Gedanken- und Gefühlswelt versetzen zu können. Ist dieser Schritt erst einmal getan, dann kann der andere nicht mehr so ohne weiteres als ein »Ding« betrachtet werden. Wo das Einfühlungsvermögen fehlt – weil es in der Kindheit und Jugend nicht erlernt worden ist –, kann nur der Terror des Egoismus herrschen.[1] So ist es kein Wunder, dass bereits in Schulen Mobbingvorfälle zu beobachten sind. Schüler und Schülerinnen werden systematisch von anderen ausgegrenzt, unterdrückt, gequält.

Wie Menschen systematisch unterdrückt werden

Was ist Mobbing?

Mobbing ist vom englischen »to mob« abgeleitet und bedeutet so viel wie anpöbeln. Der Begriff bezeichnet einen Grad der Schikane am Arbeitsplatz, der weit über alltägliche Konflikte zwischen Kollegen bzw. zwischen Vorgesetzen und Mitarbeitern hinausgeht.

Es war der vor einiger Zeit verstorbene Psychologe Prof. Heinz Leymann, der den Begriff »Mobbing« populär machte. Leymann hatte aufgrund seiner Untersuchungen 45 Handlungen herausgefiltert, die deutlich machen sollten, was Mobber im Einzelnen tun. Mittlerweile gibt es Kritik an dieser Auflistung, weil sie Wiederholungen beinhaltet, unsystematisch und unvollständig ist. Ich möchte daher dem Handlungskatalog des Psychologen A. Esser und des Juristen M. Wolmerath folgen, der von 120 Mobbinghandlungen ausgeht, von denen ich hier eine kleine Auswahl zur Verdeutlichung des Sachverhalts anführen will[2]:

1. Angriffe gegen die Arbeitsleistung und das Leistungsvermögen

- Anordnung von überfordernden Tätigkeiten
- Manipulation von Arbeitsergebnissen (z. B. Unterlagen, Dateien sind »weg«)
- Gezielte Unterdrückung von Informationen über Besprechungen, (End-)Termine
- Zuweisung von objektiv zu viel Arbeit (»Zuschütten«)
- Blockade von gemeinsamer Tätigkeit (»Mit dem nicht!«)
- Entscheidungen oder Kompetenzen werden permanent angezweifelt
- Ständige Entmutigung

2. Angriffe gegen den Bestand des Beschäftigungsverhältnisses

- Behaupten von Fehlverhalten (z. B. Urlaubszettel »verschwindet«)
- Willkürliche Abmahnungen
- Absichtlich schlechte berufliche Beurteilung; Behauptungen von Schlechtleistungen

3. Destruktive Kritik

- Generalisierung von Fehlern, pauschale Kritik (z. B.: »Sie machen alles falsch!«)
- Aufbauschen einzelner Vorfälle oder Fehler (»Maus zum Elefanten machen«)

4. Angriffe gegen die soziale Integration am Arbeitsplatz

- Räumliche Isolation (z. B. abgelegener Arbeitsplatz)
- Unterdrückung von Meinungsäußerungen des Betroffenen (z. B. »Mund verbieten«)
- Gespräche hinter dem Rücken (z. B. Tuscheln, Tratschen, Gerüchte verbreiten)
- Ausschließen aus der Alltagskommunikation (»Wie Luft behandeln«)
- Ausschließen aus informellen/geselligen Treffen (»Tür-zu-Methode«)
- Demonstratives Schweigen im Beisein des Betroffenen

5. Angriffe gegen das soziale Ansehen im Beruf

- Gezielte Verleumdung, Rufmord in der betrieblichen Öffentlichkeit
- Lächerlich machen (z. B. verbal, mit Mimik, mit Gestik, durch Karikatur)
- Psychische Erkrankung wird unterstellt
- Beschwerden durch Dritte werden erfunden (z. B. gefälschte Briefe, Anrufe, E-Mails)

6. Angriffe gegen das Selbstwertgefühl

- Dauerkontrolle, übertriebene Kontrolle
- Berufliche Entmündigung
- Menschliche Qualifikation (»Charakter«) wird bestritten

7. Angst, Schreck und Ekel erzeugen
- Ekel erzeugen (z. B. Stinkbomben sowie verdorbene Lebensmittel werden im Büro versteckt)
- Einschüchtern, Bedrohen, Nötigen (z. B. drohen mit dem Arbeitsplatzverlust, körperliche Gewaltandrohung)

8. Angriffe gegen die Privatsphäre
- (Nächtlicher) Telefonterror
- Anrufe oder Besuche zur Kontrolle
- Zuweisung schlechter Urlaubstermine

9. Angriffe gegen die Gesundheit und körperliche Unversehrtheit
- Sexuelle Belästigung
- Herbeiführen von gesundheitlichen Beeinträchtigungen (z. B. Zugluft, Kälte, Hitze, Lautstärke, Stinkbomben)
- Betroffenen zum Suizid auffordern

10. Versagen von Hilfe
- Ignorieren von Mobbingsituationen (z. B. wegschauen, weggehen)
- Verharmlosen, Lächerlichmachen von Beschwerden
- Dulden von Mobbingvorgängen
- Unterlassene Hilfeleistung

Doch das Vorkommen einzelner Handlungen kann noch nicht als Mobbing bezeichnet werden. Wird beispielsweise ein Mitarbeiter nicht gegrüßt, wird er unhöflich behandelt, bekommt er ein hohes Arbeitspensum aufgebürdet, so muss dies noch nicht Mobbing sein.

Auch kann der Begriff Mobbing von Mitarbeitern missbraucht werden. Zum einen kann sich der Mobber selbst als Mobbingopfer bezeichnen, um damit die Vorwürfe des eigentlichen Mobbingopfers zu entkräften. Zum anderen kann ein Mitarbeiter durch den falsch erhobenen Vorwurf, gemobbt zu werden, versuchen, Kollegen bzw. Vorgesetzte mundtot zu machen bzw. zu beeinflussen (z. B. weil er eine Abmahnung als Mobbing betrachtet oder weil Kollegen bzw. Vorgesetzte ihn kritisieren). Und drittens kann ein Mitarbeiter eine Auseinandersetzung mit einem Kollegen mangels Wissen als Mobbing bezeichnen, obwohl es sich »nur« um einen Konflikt handelt, weil die Kriterien für Mobbing nicht erfüllt sind.

Was also ist Mobbing? Esser und Wolmerath definieren es folgendermaßen[3]:

»Mobbing ist ein Geschehensprozess in der Arbeitswelt, in dem destruktive Handlungen unterschiedlichster Art wiederholt und über einen längeren Zeitraum gegen Einzelne vorgenommen werden, welche von den Betroffenen als eine Beeinträchtigung und Verletzung ihrer Person empfunden werden und dessen ungebremster Verlauf für die Betroffenen grundsätzlich dazu führt, dass ihre psychische Befindlichkeit und Gesundheit zunehmend beeinträchtigt werden, ihre Isolation und Ausgrenzung am Arbeitsplatz zunehmen, dagegen die Chancen auf eine zufriedenstellende Lösung schwinden und der regelmäßig im Verlust ihres bisherigen beruflichen Wirkbereichs endet.«

Um von Mobbing zu sprechen, reichen also nicht einzelne Handlungen aus, die gelegentlich und unsystematisch erfolgen. Entscheidend ist, dass entsprechende Handlungen systematisch und über einen längeren Zeitraum erfolgen.

Systematisch bedeutet, dass ein Betroffener nicht zufällig Opfer von Repressalien ist. Der oder die Mobber bezwecken etwas mit ihren Handlungen und setzen diese gezielt ein, um einen Kollegen oder Mitarbeiter psychisch unter Druck zu setzen und ihn so aus dem Arbeitsfeld zu drängen.

Längerer Zeitraum bedeutet, dass Mobbing nicht eine Ein-Tages-Aktion ist, sondern sich über mehrere Tage, Wochen, Monate oder sogar Jahre hinzieht. Der Psychologe H. Leymann vertrat noch die Auffassung, dass Mobbinghandlungen mindestens einmal pro Woche und mindestens während eines zusammenhängenden halben Jahres erfolgen müssten.[4] Doch gibt es Außendienstmitarbeiter, die nur unregelmäßig in ihren Betrieb kommen und somit nie gemobbt werden könnten, weil sie aus der Definition herausfallen. Und Mobbing kann bereits nach wenigen Monaten zum gewünschten Resultat führen, indem beispielsweise ein Mitarbeiter kündigt. Dies würde heißen, dass man hier nicht von Mobbing sprechen könnte, nur weil die Angriffe nicht ein halbes Jahr lang erfolgt sind.

Wer unsystematisch von Kollegen oder Vorgesetzten angegriffen wird, würde nach obiger Definition ebenfalls nicht gemobbt werden. Unsystematische Angriffe wären gelegentliche Schikanen, z. B. Zuweisung von schlechten Dienstzeiten, verbale Entgleisungen, Preisgabe zur Lächerlichkeit. Diese Aktionen flammen auf und erlöschen dann wieder, um zu einem späteren Zeitpunkt erneut aufzuflammen. Hier kann im eigentlichen Sinn nicht von einem systematischen Vorgehen gesprochen werden.

Für den Betroffenen selbst stellen jedoch auch diese unsystematischen Schikanen eine psychische Belastung dar, die nicht unterschätzt werden darf. Auch kann es sein, dass das unsystematische Vorgehen durchaus System hat, indem nämlich der Mobber sein Opfer immer wieder einmal in Frieden lässt, um es vorübergehend in Sicherheit zu wiegen. In der Regel kann jedoch davon ausgegangen werden, dass ein Mobber möglichst schnell sein Opfer aus dem Arbeitsprozess drängen will und aus diesem Grunde nicht Wochen und Monate verstreichen lässt, bevor er seinen nächsten Angriff startet.

Auch haben manche Institutionen »Initiationsriten«, bei denen neue Kollegen erst einmal gedemütigt werden, bevor man sie in den Kreis der »Erlauchten« aufnimmt. Hier ist insbesondere das Verhalten des oder der Neuen entscheidend, wie sich das Verhältnis der Kollegen zueinander entwickelt.

Worin unterscheidet sich Mobbing von gewöhnlichen Konflikten?

Ein Konflikt ist eine belastende Auseinandersetzung (nicht nur) zwischen Kollegen oder zwischen Vorgesetzen und Mitarbeitern am Arbeitsplatz. Dabei prallen unterschiedliche Interessen und Bedürfnisse aufeinander. Ein Konflikt ist nicht automatisch etwas Negatives, er hat durchaus seine positiven Seiten. Er kann beispielsweise auf zwischenmenschliche oder institutionelle Missstände aufmerksam machen, die erst durch die Auseinandersetzung wahrgenommen werden. Nun kann nach einer konstruktiven Lösung für das entsprechende Problem gesucht werden.

Konflikte werden erst dann negativ, wenn sie zu keinen konstruktiven Lösungen führen oder ignoriert werden.

Institutionelle Konflikte beziehen sich beispielsweise darauf, dass ein Unternehmen schlecht strukturiert ist, eine mangelhafte Führung hat, starres Hierarchiedenken vorherrscht. Die Mitarbeiter sind deswegen unzufrieden, werden krank, kündigen oder beginnen aufgrund der psychischen Belastung, die durch institutionelle Fehlentwicklungen ausgelöst wird, sich gegenseitig zu terrorisieren. Auf diese Weise können zwischenmenschliche Probleme bei den Mitarbeitern entstehen, die bei einer guten Betriebsführung und -organisation möglicherweise niemals aufgetaucht wären.

Zwischenmenschliche Konflikte beziehen sich darauf, dass Menschen aufgrund ihrer unterschiedlichen Vorstellungen, Bedürfnisse und Interessen Schwierigkeiten im Umgang miteinander entwickeln bzw. haben. Franz Decker beschreibt in seinem Buch »Teamworking« zwischenmenschliche Konflikte als soziale Konflikte, die sich zeigen können als[5]:

- **Persönlichkeitsbedingte Konflikte**
  Diese Konflikte kommen zum Tragen, wenn Entwicklungsdefizite bestimmter Personen (wie z. B. das Übertragen von Autoritätsproblemen mit den Eltern auf Vorgesetzte und Mitarbeiter) sich unverhältnismäßig in den Vordergrund spielen.
- **Beziehungskonflikte**
  Hier herrschen Probleme im zwischenmenschlichen Bereich vor (wie z. B. Antipathie, Eifersucht, partnerschaftliche Beziehungen am Arbeitsplatz), die zum Problem werden.
- **Beurteilungskonflikte**
  Mitarbeiter haben unterschiedliche Auffassungen, wie eine Tätigkeit erledigt werden soll.
- **Rollenkonflikte**
  Die zugewiesenen Rollen (wie z. B. Kompetenzbereiche) werden von Mitarbeitern nicht akzeptiert.
- **Verteilungskonflikte**
  Damit ist u. a. Konkurrenz unter den Mitarbeitern gemeint.
- **Bewertungskonflikte**
  Hier geht es um unterschiedliche Normen und Wertorientierungen (z. B. mit welcher Intensität und mit welchem inneren Einsatz eine bestimmte Tätigkeit zu absolvieren ist).

Diese und andere Konflikte herrschen mehr oder weniger deutlich in allen Organisationen vor. Es gibt keine konfliktfreien Organisationen, sie gehören zum Berufsalltag.

Konflikte haben in der Regel nicht das Ziel, eine der Konfliktparteien auszugrenzen, das heißt, dass jemand unter allen Umständen seinen Arbeitsplatz aufgibt bzw. verliert. Ein weiterer Unterschied zum Mobbing ist, dass der anderen Konfliktpartei kein physischer oder psychischer Schaden zugefügt werden soll.

Wichtig in diesem Zusammenhang ist auch, ob die Konflikte offen oder verdeckt ausgetragen werden. Offene Konflikte bestehen darin, dass Mitarbeiter ihre Schwierigkeiten zum Ausdruck bringen können. Es kommt zu Auseinandersetzungen, Streitigkeiten, die deutlich formuliert werden, sodass jeder Mitarbeiter die Lage und die am Konflikt Beteiligten einschätzen kann.

Verdeckte Konflikte werden so ausgetragen, dass Probleme nicht offen benannt werden. Es wird u.a. intrigiert. Schwierigkeiten werden verschleiert. Man ist lediglich nett zu Kollegen, um den Schein zu wahren.

Offene Konflikte, vor allem aber verdeckte Konflikte können der Beginn eines sich entwickelnden Mobbings sein.

Nicht selten steht am Anfang eines Konflikts ein Missverständnis, wie folgender Fall verdeutlichen soll: In der Supervision eines Teams kamen zwei Mitarbeiterinnen auf ein Problem zu sprechen, das sie seit einiger Zeit miteinander hatten. Eine neu eingestellte Mitarbeiterin warf einer Kollegin vor, dass sie sich persönlich von ihr abgewertet fühlen würde. Sie spräche in einem barschen Ton mit ihr, den sie als herablassend ihr gegenüber empfinde. Die angesprochene Kollegin war völlig überrascht. Sie hielt die Art und Weise, wie sie mit der neuen Mitarbeiterin sprach, für völlig normal. Die anderen Teammitglieder meinten jedoch, dass der Ton ihrer Kollegin in der Tat sehr barsch sei. Man habe sich jedoch daran gewöhnt, da man wisse, dass sie das nicht so meine. Dies wiederum konnte die neue Mitarbeiterin nicht wissen, und so entwickelte sich zwischen ihr und der Kollegin ein ziemlich gereiztes Verhältnis, das jedoch durch die Aussprache als ein Missverständnis identifiziert werden konnte.

Wäre das Problem nicht zur Sprache gekommen, hätte sich aller Wahrscheinlichkeit nach das Ganze aufgeschaukelt, und der Konflikt hätte an Dramatik gewonnen: Die Mitarbeiterin, die sich abgewertet fühlte, hätte auf ihre Kollegin unfreundlich reagiert. Dies wiederum hätte dazu geführt, dass die Kollegin ihrerseits unfreundlicher geworden wäre. Aufgrund des Missverständnisses hätte eine starke Antipathie auf beiden Seiten entstehen können, was in neuen Konflikten oder im schlimmsten Fall im Mobbing geendet hätte.

Was sind die Ursachen für Mobbing?

Die Ursachen für Mobbing sind vielfältiger Art. Natürlich geht Mobbing prinzipiell von einer oder von mehreren Personen aus, doch auch betrieblich bedingte Faktoren können hier ausschlaggebend sein. Schlechte Arbeitsbedingungen – wie zu wenig oder unqualifiziertes Personal, permanente Arbeitsüberlastung, räumliche Beengtheit, unfähige Führungskräfte, hoher Krankenstand, hohe Mitarbeiterfluktuation, schlecht organisierte Arbeitsabläufe, Einsparungen – können das Betriebsklima derart belasten, dass die Frustration der Mitarbeiter immer mehr ansteigt. Dann kann es sein, dass sich Mitarbeiter in Konflikten, aber auch durch Mobbing »Luft machen«.

Auch eine starre hierarchische Struktur kann Mobbing im Unternehmen begünstigen, wenn nämlich Vorgesetzte ihre Mitarbeiter unterdrücken bzw. schikanieren und darin Vorbild für die Mitarbeiter sind. Doch ebenso kann das Gegenteil davon eintreten, und zwar, wenn für die Mitarbeiter deutlich wird, dass die Führung ein derartiges Verhalten keinesfalls zu tolerieren bereit ist.

Auf die gesellschaftlichen Ursachen von Mobbing wurde bereits eingegangen, die psychischen Ursachen werden im Kapitel »Die Psyche der Mobber« (s. S. 81 ff.) ausführlich behandelt.

Positionskämpfe und/oder Eifersüchteleien innerhalb einer Organisation oder eines Teams können weitere Gründe für das Entstehen von Mobbing sein. Mitarbeiter neiden einem anderen den Erfolg, die Beliebtheit, die man sich selber wünscht, oder sehen einen Kollegen als Bedrohung der eigenen Position an.

In diesem Zusammenhang kann eine »Ursache« auch darin bestehen, dass ein neuer Mitarbeiter bzw. ein neuer Vorgesetzter durch sein Verhalten die Kollegen veranlasst, ihn zu mobben, weil er sich aus der Sicht der Kollegen unangemessen verhält. Auf diesen Punkt werde ich in einem der folgenden Abschnitte noch genauer eingehen.

Zusammenfassend lässt sich festhalten:
- Mobbing zeichnet sich durch ein Oben-Unten-Verhältnis aus (die Macht im Konflikt ist klar verteilt).
- Mobbing baut auf bestimmten Handlungen auf.
- Mobbing ist ein systematisches Vorgehen.
- Mobbing vollzieht sich innerhalb eines längeren Zeitraumes.
- Mobbing ist zielgerichtet (es bezieht sich im Regelfall auf eine bestimmte Person).

Wer mobbt wen?

Mobbing gibt es auf allen Ebenen. Vorgesetzte mobben sich untereinander, und sie mobben Untergebene. Mitarbeiter mobben Kollegen oder einen Vorgesetzten.

Mobbing ist insbesondere – natürlich nicht ausschließlich – in sozialen Berufen vertreten. Gemobbt wird in Krankenhäusern, Altenheimen, Schulen (sowohl beim Lehrpersonal als auch unter den Schülern), Universitäten, Firmen, Behörden, Ämtern, bei der Polizei, beim Militär u.s.w.

Was sind die Auswirkungen von Mobbing auf einen Betrieb und auf die Gesellschaft?

Mobbing betrifft nicht nur den oder die Mobber und die gemobbte Person. Es wirkt sich immer auf das gesamte Unternehmen aus, und darüber hinaus auch auf die Gesellschaft.

Mobbing führt in der Regel zu einem schlechten Betriebsklima, und damit erhöhen sich die Anzahl der Krankschreibungen der Mitarbeiter – nicht nur des direkt vom Mobbing Betroffenen – und/oder die Mitarbeiterfluktuation. Die Arbeitsleistung verschlechtert sich im Allgemeinen ebenfalls, weil Mobber und Gemobbter, aber auch die unbeteiligten Kollegen ihre Aufmerksamkeit zunehmend auf den Mobbingprozess konzentrieren.

Von Mobbing direkt Betroffene werden früher oder später krank und fallen oft für längere Zeiträume aus. Das verursacht hohe Kosten für einen Betrieb. Die Arbeit des Krankgeschriebenen muss von anderen Kollegen übernommen werden, was zu einer erhöhten Arbeitsbelastung bzw. -überlastung der Kollegen führt und zur Folge hat bzw. haben kann, dass diese nun ihrerseits häufiger krank werden. Für den Gemobbten muss nach dessen Kündigung, Versetzung oder Vorverrentung unter Umständen eine neue Kraft eingestellt werden. Stellenanzeigen müssen aufgegeben, Bewerbungs- und Einstellungsgespräche geführt werden. Der neue Mitarbeiter muss sich erst einarbeiten und kann sich im schlimmsten Fall nach der Probezeit als Fehlbesetzung herausstellen. Das alles kostet Zeit und Geld, was die Produktivität eines Unternehmens reduziert.

Der volkswirtschaftliche Schaden geht in die Milliarden. Schätzungen zufolge wird durch Mobbing die deutsche Wirtschaft im Jahr um 50 Milliarden Euro geschädigt. Dieser Betrag setzt sich u. a. zusammen aus Mitarbeiterfluktuation, innerer Kündigung (Verminderung der Arbeitsleistung), Krankschreibung (Kuren, Behandlungen). Grob geschätzt belaufen sich die Behandlungskosten, die durch Mobbing entstehen, auf ca. 50.000 bis 80.000 Euro (bei einer Behandlungsdauer von drei bis vier Jahren). In seinem Buch »Wenn Arbeit krank macht« gibt Martin Resch an, dass aufgrund von Mobbing jährlich zwischen 12.000 und 25.000 Personen »frühverrentet« werden.[6] Allein hierdurch entstehen Kosten zwischen 1,5 und 3 Milliarden Euro jährlich.[7]

Was sind die psychischen und physischen Folgen von Mobbing?

»Mobbingfall bei der Bundeswehr – Fliegerärztin tot« – so lautete eine Schlagzeile der »Welt« vom 21. Juli 2001. Nachdem die Ärztin Christine Bauer nach einem Selbstmordversuch zwei Jahre im Koma gelegen hatte, starb sie in einem Pflegeheim, ohne noch einmal das Bewusstsein erlangt zu haben. In ihrem Abschiedsbrief schrieb sie, dass sie sich eines Fehlverhaltens nicht bewusst sei und sie dem unsäglichen und widerwärtigen Mobbing nicht mehr standhalten könne. Was war geschehen?

Laut »Welt« begann alles damit, dass die Praxisräume von Frau Bauer 1998 von ihrem Vorgesetzten durchsucht wurden, um – so die offizielle Begründung – den Bestand der Arzneimittel zu prüfen. Die Ärztin jedoch äußerte die Vermutung, dass der wahre Grund eher darin gelegen habe, dass sie kurz vor der Durchsuchung eine Patientin per Hubschrauber ins Krankenhaus habe bringen lassen wollen, obwohl der Vorgesetzte dies per Boden angeordnet habe. Nachdem sie sich über die Durchsuchung beschwert hatte, wurde ein Disziplinarverfahren gegen Frau Bauer eingeleitet, das 62 Anschuldigungen enthielt.

145 Soldaten unterzeichneten – wegen der Lächerlichkeit der Anschuldigungen – eine Petition an die Wehrbeauftragte. Monatelang fand ein Nervenkrieg statt. Jeder Versuch einer Rehabilitation blieb erfolglos. Schließlich kündigte man die endgültige Versetzung der Ärztin an. Das Resultat: Frau Bauer versuchte in ihrer Verzweiflung, ihrem Leben mit einer Mischung aus Alkohol, Schlaftabletten und einer Überdosis Insulin ein Ende zu setzen.

Natürlich endet nicht jeder Mobbingfall mit dem Selbstmord der gemobbten Person. Doch Mobbingopfer sind in dieser Hinsicht in besonderer Weise gefährdet. Denn durch die ständigen Anschuldigungen, Verdächtigungen, Intrigen gerät man früher oder später in einen Kreislauf aus Verzweiflung und Hilflosigkeit, der nicht selten in Depressionen endet und damit die Selbstmordgefahr massiv erhöht.

Schon nach sehr kurzer Zeit – nachdem das Mobbing begonnen hat – können die ersten psychischen und physischen Symptome bei Gemobbten auftreten. Wie schnell dies geschieht – nach Tagen oder Wochen –, hängt von der psychischen Verfassung der betreffenden Person ab. In der ersten Phase treten z. B. ein leichtes oder auch stärkeres Unwohlsein auf, Kopfschmerzen, Schlafstörungen, Magen-Darmprobleme, Niedergeschlagenheit. Hinzu kommen Grübeleien, die ständig um das Geschehene kreisen, ohne dabei den Kreislauf dieser Gedanken produktiv zu durchbrechen, indem auf konstruktive Lösungen hingearbeitet wird bzw. werden kann.

Die obigen Symptome intensivieren sich mit dem Fortsetzen und der Dauer des Mobbing. Zusätzlich kann sich ein posttraumatisches Stresssyndrom entwickeln. Dieses Syndrom ist dadurch gekennzeichnet, dass beispielsweise die betroffene Person durch das Klingeln des Telefons in der eigenen Wohnung an das Klingeln des Telefons am Arbeitsplatz erinnert wird. Augenblicklich fühlt sich die Person wie in der realen Arbeitssituation, die für sie bedrohlich ist. Ähnliches ist u. a. von Vietnam-Veteranen bekannt, die sich z. B. beim Hören eines Knalls auf einer verkehrsreichen Straße urplötzlich wieder in einem Dschungelgefecht befinden, das schon Jahrzehnte zurückliegt.

Im Grunde genommen kann jede beliebige Situation Auslöser für eine derartige akute Stresssituation sein: der Blick der Ehefrau, die den Gemobbten an den Blick des Mobbers erinnert oder die harmlose Bemerkung eines Freundes, die sofort als Angriff gegen die eigene Person gedeutet wird. Früher oder später traut der Gemobbte niemandem mehr. Überall vermutet er Feinde, Menschen, die ihm Übles wollen, die ihn nicht verstehen. Sein Misstrauen wächst, und damit die Schwierigkeit, ihm zu helfen.

Setzt sich das Mobbing mehrere Monate bis Jahre ungebrochen fort, und hat der Mobber keine geeigneten Möglichkeiten entwickelt, um sich zu schützen, werden seine psychischen und physischen Beschwerden schließlich chronisch. Auch hier hängt es von der allgemeinen psychischen Widerstandskraft einer Person ab, wann dies eintritt und dann zu einer psychosomatischen Störung mit Krankheitswert wird. Entwickeln kann sich auch eine Angststörung, die sich u. a. darin äußert, dass der Betroffene allein schon bei dem Gedanken an seinen Arbeitsplatz oder an den Mobber Angstsymptome entwickelt (etwa Herzrasen, Schwindelgefühl, Taubheitsgefühle in den Beinen, Engegefühl in der Brust, Atemnot).

Schließlich kann der Betroffene – um der Unerträglichkeit der Situation zu entgehen – den einzigen Ausweg nur noch darin sehen, dass er seine Probleme in Alkohol ertränkt oder durch Medikamente betäubt. Auch zwanghafte Verhaltensweisen können sich einstellen, wie beispielsweise ein Redezwang, d. h. der innerliche Druck, ständig über das Mobbing in endlosen Wiederholungen reden zu müssen, oder die zwanghafte Vorstellung, nur noch mit einer vollständigen Rehabilitation der eigenen Person wieder ein zufriedener Mensch werden zu können.

Das alles geht einher mit Konzentrationsschwierigkeiten bzw. -störungen und Gedächtnisstörungen, die natürlich die Arbeitsleistung des Gemobbten reduzieren und damit neue Angriffsflächen für den Mobber bieten.

Letztlich bleibt ein Mensch zurück, der sich isoliert fühlt (und es auch ist), unter Einsamkeit leidet, in völliger Verzweiflung lebt und im schlimmsten Fall die Lösung im Selbstmord sieht und sucht.

Betrachtet man diese in Variationen sich darbietende Palette von psychischen und physischen Folgen, die bei Mobbing unweigerlich eintreten, wird deutlich, dass Mobbing beileibe kein Kavaliersdelikt ist. Der Mobber nimmt bewusst in Kauf, dass sein Opfer geistig und körperlich geschädigt oder zerstört wird. Es interessiert ihn nicht, wie sein Opfer damit umgeht. Sein Ziel ist ausschließlich, die unerwünschte Person endgültig loszuwerden, ganz gleich mit welchen Mitteln und welchen Folgen für den Betroffenen.

Die konventionelle Art, sich zu verteidigen

Bevor Sie als Betroffene bzw. Betroffener gezielt Gegenmobbing-Strategien einsetzen, sollten Sie auf jeden Fall versuchen, zuvor die konventionellen Wege zur Bereinigung des Problems zu gehen.

Im Folgenden werde ich Ihnen die konventionellen Lösungen im Überblick darstellen. In jedem Buch zum Thema Mobbing werden Sie diese Lösungsansätze ausführlich behandelt wiederfinden. Gelingt es mit ihrer Hilfe, das sich entwickelnde oder bestehende Mobbing zu beenden, gibt es keinen Grund, den Mobber zu mobben. Hinzu kommt, dass Sie – falls die konventionellen Methoden nicht zum Ziel führen – sich keinerlei Vorwürfe machen müssen, nicht alles versucht zu haben, um den eskalierten Konflikt mit friedlichen Mitteln zu lösen.

Sprechen Sie mit dem Mobber bzw. der Mobberin!

Versuchen Sie, in einem klärenden Gespräch die Ursachen des Problems herauszufinden und abzustellen. In einem solchen Gespräch sind Anschuldigungen bzw. Vorwürfe nicht zielführend. Bleiben Sie ruhig und sachlich, und gleiten Sie niemals ins Emotionale ab. Machen Sie Ihren Standpunkt deutlich. Sprechen Sie von Ihren Gefühlen, ohne dass es für Ihr Gegenüber nach einer Vorhaltung klingt. Sprechen Sie davon, dass es Sie belastet, dass sich Ihr Verhältnis zueinander negativ entwickelt hat, und machen Sie Vorschläge, was gemeinsam getan werden kann, um das Verhältnis zu verbessern.

Machen Sie den ersten Schritt, und fragen Sie, was Sie selbst tun können, um den bestehenden oder sich anbahnenden Konflikt zu beenden. Auch wenn Sie davon überzeugt sind, dass Sie keinen Fehler gemacht haben, sollten Sie sich eine Klärung nicht verbauen, indem Sie aus falschem Stolz heraus davon ausgehen, dass der andere den ersten Schritt zu tun hat.

Denken Sie immer daran, dass alles nur ein Missverständnis sein kann, und erinnern Sie sich an das Beispiel auf Seite 47f.

Sollten Sie als Vorgesetzter oder als Mitarbeiter in einem Unternehmen neu eingestellt sein, beachten Sie bitte, dass gerade in den ersten 100 Tagen die Gefahr von Mobbing am größten ist. Die »Psychologie Heute«-Autoren Gourmelon und Knabe-Gourmelon haben in diesem Zusammenhang herausgearbeitet, wie wichtig es ist, in dieser Zeit die eigene Wahrnehmung für mögliche Konflikte zu sensibilisieren. Unter anderem machen sie darauf aufmerksam, Gruppenregeln (des Umgangs, des Miteinanderarbeitens etc.) zu beachten, die in jeder Institution bestehen und deren Ignorieren dazu führen kann, als Außenseiter und damit als potenzielles Mobbingopfer wahrgenommen zu werden.[8]

Des Weiteren ist es wichtig, den Kontakt zu Kollegen zu suchen, um nicht in den Ruf des Strebers oder des Außenseiters zu geraten, der sich isoliert und nur noch an die Arbeit denkt. Auch ist es entscheidend, die eigenen Kompetenzen nicht in den Vordergrund zu stellen, um die Kollegen nicht zu provozieren. Beachtet man diese und andere Vorsichtsmaßnahmen nicht – weil sie einem als nicht wichtig erscheinen –, kann man sehr schnell in ein »Fettnäpfchen« treten und ohne es zu wollen zum »Mobbingfall« werden. Allein schon aus diesem Grund ist es wichtig, das Gespräch mit Kollegen zu suchen, sollten diese Ihnen gegenüber erste Anzeichen von Mobbing zeigen.

Haben Sie nun ein Gespräch mit Ihrem Kollegen oder den

Kollegen geführt, warten Sie ab, was weiter geschieht. Verändert sich das Verhalten des oder der anderen nicht in positiver Weise, obwohl sich Ihr Verhalten positiv verändert hat, bitten Sie um ein weiteres Gespräch. In diesem Gespräch sollte es darum gehen, die Gründe für den Misserfolg des ersten Gesprächs herauszufinden und Lösungen dafür zu suchen.

Sollte auch dieses Gespräch nicht zum gewünschten Erfolg führen, warten Sie noch eine Weile ab. Möglicherweise kann auch noch ein drittes Gespräch sinnvoll sein. Findet allerdings auch danach keine Veränderung zum Positiven statt, schalten Sie Ihren direkten Vorgesetzten ein und bitten Sie um Abhilfe. Sollte der Vorgesetzte selbst der Mobbende sein, wenden Sie sich an den nächsthöheren Vorgesetzten.

Erinnern Sie sich bitte an das Gespräch, das ich mit Frau Mustermann führte, als sie in einer Sitzung mit Vertretern verschiedener Institutionen während eines Kurzvortrages von mir die Anwesenden fragte, ob meine Ausführungen denn richtig seien. In diesem Gespräch konnte sie meine Betroffenheit über den Vorfall nicht nachvollziehen. Es kann sich also bereits in einem ersten Gespräch herauskristallisieren, dass Ihr Gesprächspartner nicht an einer Konfliktbereinigung interessiert ist. Dennoch sollten Sie mindestens ein weiteres Gespräch führen.

Schalten Sie eine Clearing-Stelle ein!

Reagieren Ihre Vorgesetzten nicht, wenden Sie sich an den Mobbingbeauftragten bzw. Konfliktbeauftragten Ihres Unternehmens. Ansonsten suchen Sie den Betriebsrat auf und bitten um Unterstützung. Jetzt kann – im besten Fall- mit Hilfe von geschultem Personal oder eines externen Supervisors das Problem angegangen werden.

Wenden Sie sich an die Geschäftsführung, falls Ihnen niemand hilft!

Gibt es keine Clearing-Stelle in Ihrer Institution, und hilft Ihnen der Vorgesetzte bzw. der nächsthöhere Vorgesetzte nicht, dann wenden Sie sich an die Geschäftsleitung und stellen dort Ihr Problem in schriftlicher und/oder mündlicher Form dar.

Suchen Sie einen Rechtsbeistand auf!

Sollte Ihr Anliegen auch bei der Geschäftsleitung nicht zum gewünschten Ziel führen und/oder kommt es zu immer massiveren Angriffen gegen Ihre Person, kann es ratsam sein, einen Rechtsanwalt und/oder einen Mobbingberater bzw. eine Mobbingberatungsstelle aufzusuchen, um die weiteren Schritte zu besprechen.

Rechtliche Möglichkeiten

Der Gemobbte hat rechtlich mehrere Möglichkeiten. Er kann eine Beschwerde beim Betriebsrat einreichen oder beim Vorgesetzten bzw. Arbeitgeber. Er kann den Arbeitgeber abmahnen. Er kann eine Schadenersatzklage gegen den Mobber stellen oder einen Strafantrag. Er kann gegen den Mobber privat klagen.

Das Problem wird jedoch immer sein, dass Mobbing bewiesen werden muss. Wer leidenschaftlich mobbt und nur einigermaßen geschickt in seinem Vorgehen ist, wird seine Spuren gut verwischen können, sodass Ihnen dieser Weg schließlich nicht nützen wird. Ein Arbeitnehmer muss Beweise sammeln, um vor Gericht seine Position so vertreten zu können, dass es zu einem für ihn positiven Urteil kommen kann. Ein Arbeitnehmer kann weder Schmerzensgeld noch Schadenersatz verlangen, wenn er nicht konkret die Schikanen am Arbeitsplatz beweisen kann (Landesarbeitsgericht Rheinland-Pfalz, 5 Sa 521/01).

Kündigung

Selbstverständlich haben Sie auch die Möglichkeit zu kündigen, wenn der Psychoterror am Arbeitsplatz für Sie unerträglich wird. Wählen Sie diese Alternative, handeln Sie zwar im Interesse des Mobbers, verhindern aber, dass Sie psychisch und physisch ernsthaft erkranken. Problematisch ist zum einen, dass es aufgrund des Alters oder der Arbeitsmarktlage nicht einfach ist, eine neue Anstellung zu finden, die dann auch noch den eigenen Vorstellungen entspricht, z. B. in Bezug auf Vergütung, Arbeitsgebiet, Fahrzeiten. Zum anderen kann (nicht muss) der Gedanke, den Kampf um den Arbeitsplatz zu früh aufgegeben zu haben, Sie mit der Zeit so quälen, dass Sie Ihren diesbezüglichen Entschluss zunehmend bereuen.

Teil 2

Anleitung zum Überleben – Die Gegenmobbing-Strategien

Worauf Sie sich einlassen, wenn Sie sich zur Wehr setzen

> Wer mit Ungeheuern kämpft, mag zusehen,
> dass er nicht dabei zum Ungeheuer wird.
>
> *Friedrich Nietzsche*

Etwas längst überholt Geglaubtes kehrt in unseren Alltag zurück: die unvermeidbare Konfrontation mit Menschen, die mit brutalen und rücksichtslosen Mitteln versuchen, das Leben eines anderen Menschen zu zerstören, die keine Gnade kennen, wenn es darum geht, die eigenen Interessen durchzusetzen, und denen die Folgen ihres Tuns völlig gleichgültig sind. Dass sie dabei in vielen Fällen seelisch und körperlich kranke Menschen zurücklassen, erschüttert sie nicht im Geringsten. Denn der Gemobbte ist als Person aus dem Sichtfeld des Mobbers verschwunden, zudem sind psychische bzw. psychosomatische Störungen weniger gut wahrnehmbar als z. B. ein gebrochenes Bein oder ein blau geschlagenes Auge.

Wurden in früheren Zeiten Auseinandersetzungen zwischen Menschen körperlich ausgetragen, mit der Faust oder mit Waffen wie Keule, Speer, Degen, Pistole etc., ist der Ort der Auseinandersetzung heute die Psyche des Menschen. Falsch wäre jedoch anzunehmen, dieser Kampf sei weniger brutal und unmenschlich als der andere. Es ist ein Krieg, der mit Worten ausgetragen wird: mit falschen Anschuldigungen, mit Demütigungen, mit Gerüchten.

Eines hat sich im Laufe der Zeiten nicht verändert: Es ist immer ein Mächtiger oder ein vermeintlich Mächtiger, der sich über einen anderen Menschen erhebt und sich herausnimmt, ihn zu quälen und zu unterdrücken.

Wir leben in einer sehr aggressiven Welt, übertüncht durch eine dünne Schicht von Zivilisation. Heute kämpft jeder für sich. Man ist rücksichtsloser geworden, wenn es um die Durchsetzung der eigenen Interessen geht. In einer Gesellschaft, in der sich das gesamte Leben der Beschleunigung unterwirft, hat man keine Zeit mehr, um Höflichkeiten auszutauschen, auf andere Rücksicht zu nehmen und Konflikte friedlich beizulegen. Hier regieren die Ellbogen, und Rücksichtnahme ist Luxus, den man sich nicht mehr leisten will. Der schnelle Erfolg legitimiert alles. Und so lebt das vergangen und überholt Geglaubte in einem anderen Gewand wieder auf.

Trotz all dieser Veränderungen in unserer heutigen Welt werden wir in der Regel zu Menschen erzogen, die im Umgang mit anderen relativ friedfertig sind. Wir kennen das Gefühl kaum, dass uns jemand wirklich und vor allem systematisch Übles will, dass jemand alles daran setzt, uns das Leben schwerzumachen. Und so glaubt der Gemobbte zunächst nicht, was mit ihm geschieht.

Stellen Sie sich vor, Sie werden auf der Straße körperlich angegriffen. Wer eine solche Situation noch nie erlebt hat, kann sich nur sehr schwer hineinfühlen, was dies für einen friedfertigen Menschen bedeutet. Überrascht von dem Ereignis, wird er nicht unbedingt sofort zurückschlagen. Vielleicht weiß er nicht einmal, wie das geht. Wohin soll er schlagen? In das Gesicht, auf die Arme, die Brust, den Bauch? Mit der flachen Hand, mit der geballten Faust, mit den Füßen, mit Worten?

Gleiches gilt für den psychischen Angriff, und da vielleicht noch mehr, weil man sich nicht unmittelbar bedroht glaubt. Jemand redet schlecht über Sie. Sie sind schockiert. Sie sind beleidigt. Sie wollen mit der Person reden (falls Sie wissen, wer es ist, der so über Sie redet) und sind vielleicht noch davon überzeugt, dass Sie das »Missverständnis« werden aufklären können. Doch was, wenn nicht? Wenn die andere Person kein Interesse an einer friedlichen Beilegung des Konfliktes hat und nur eines möchte: Sie von Ihrem Arbeitsplatz vertreiben?

Wie sollen Sie sich verhalten? Wie wollen Sie sich verhalten? Sie gehen zunächst den friedlichen Weg. Einen körperlichen Aggressor würden Sie anzeigen, wenn dies möglich ist. Den psychischen Aggressor zeigen Sie vielleicht ebenfalls an: bei Ihrem Arbeitgeber, bei der Mitarbeitervertretung. Doch was, wenn Ihnen die Zeugen fehlen, wenn Aussage gegen Aussage steht? Nehmen Sie die Angelegenheit nun selbst in die Hand? Oder resignieren Sie? Geben Sie sich geschlagen?

Dies ist zweifellos eine Situation, die jeden friedliebenden Menschen zunächst überfordert, denn Sie sind es nicht gewöhnt, Mann gegen Mann, Frau gegen Frau, Mann gegen Frau von Angesicht zu Angesicht wirklich um Ihr Überleben kämpfen zu müssen. Mobbing ist ein Angriff auf Ihr Leben! Machen Sie sich klar, dass Sie sich in einem regelrechten Krieg befinden.

Wir müssen wieder lernen, unsere Angelegenheiten selbst in die Hand zu nehmen, wenn – und das ist die unbedingte Voraussetzung – die konventionellen Möglichkeiten versagen. Wir können dies dann nicht mehr einer Institution überlassen oder einem Gericht. Wenn Sie angegriffen werden, sollten Sie sich verteidigen und alles zur Rettung Ihrer Person tun. Es geht um Ihre berufliche und auch um Ihre private Zukunft. Es geht um Ihre Gesundheit, und es geht um Ihre Selbstachtung.

Verteidigen Sie sich nicht, haben Sie schon verloren. Und das heißt: freiwillige Kündigung, Kündigung durch den Arbeitgeber, Strafversetzung, Gefühle der Hilflosigkeit, Verlust des Selbstbewusstseins, psychische und physische Störungen, möglicherweise jahrelange Spätfolgen, eine ruinierte Karriere und ggf. auch eine kaputte private Beziehung.

Dieses Buch wird Ihnen helfen, sich effektiv zu verteidigen, wenn Sie gemobbt werden und Sie keine andere Möglichkeit mehr sehen, als zum aktiven Gegenmobbing überzugehen. Und Verteidigung heißt hier, Ihren Gegner anzugreifen, ihn mit seinen eigenen Methoden zu schlagen und sich das zurückzuholen, was für Sie von Bedeutung ist.

Wenn Sie gemobbt werden und sich dafür entscheiden, die hier beschriebenen Gegenmobbing-Strategien anzuwenden, dann muss Ihnen klar sein, dass Sie sich einer speziellen Gefahr aussetzen. Ich meine damit nicht nur die Gefahr, dass Sie beim Gegenmobbing »erwischt« werden oder dass die Auseinandersetzungen zwischen Ihnen und dem Mobber heftiger werden könnten. Ich meine damit vor allem die Gefahr, dass Sie Ihrem Gegner im Laufe der Zeit psychisch immer ähnlicher werden.

Ich bereue nichts von dem, was ich getan habe, als ich gemobbt wurde und schließlich zum Gegenmobbing überging. Als aber bei mir irgendwann nur noch der Gedanke an die »Vernichtung« meiner Feindin im Vordergrund stand und ich bereit dazu war, den Krieg auch in das Privatleben meiner Gegnerin zu tragen, erschrak ich über mich.

Manche Mobber schrecken auch davor nicht zurück. Ob ich letztlich wirklich so weit gegangen wäre, sogar diese letzte Grenze zu überschreiten, weiß ich nicht. Denn schließlich kam es zu einer finanziellen Einigung.

Es ist von entscheidender Bedeutung, dass Sie für sich selbst eine Grenze ziehen, wie weit Sie gehen wollen. Wenn Sie den Mobber mit seinen eigenen Waffen schlagen möchten, entschlossen sind, so skrupellos vorzugehen, wie er es tut, bedeutet dieser Umstand nicht zwangsläufig, dass Sie so werden müssen, wie er es aller Wahrscheinlichkeit nach ist. Denn: Der Mobber ist eine »gestörte« Persönlichkeit, wie Sie im Kapitel »Die Psyche der Mobber« (s. S. 81 ff.) nachlesen können. Allein darin unterscheiden Sie sich schon von Ihrem Gegner.

Wenn Sie die Gegenmobbing-Strategien anwenden, müssen Sie unbedingt darauf achten, Ihr Handeln jederzeit zu reflektieren und eventuell zu korrigieren, falls Sie bei sich bemerken sollten, dass Sie die Kontrolle über Ihre Gedanken, Gefühle und Handlungen verlieren. Bleiben Sie bei allem, was Sie tun, Sie selbst, und lassen Sie sich nicht auf eine Ebene ziehen, die auf Niedertracht und Bösartigkeit basiert. So würde Ihr Gegner nur auf eine andere Weise – wenn auch nicht auf seine primär beabsichtigte – den Sieg über Sie davontragen.

Verlieren Sie nie Ihre Menschlichkeit, geben Sie allerdings auch nie nach, nur weil der andere am Boden liegt und um Gnade bittet. Manchmal ist es sinnvoller, einen Gegner vollständig zu besiegen, als ihm die Möglichkeit zu geben, sich zu erholen und mit neuer Kraft auf Sie einzuschlagen. Ein Sieg ist etwas Kostbares. Aber man sollte ihn nie ad absurdum führen, indem man aus falsch verstandener Mitmenschlichkeit den eigenen Sieg in eine Niederlage verwandelt.

In einem Film über den panamesischen Diktator Noriega wurde dieser von einigen Offizieren in einer Kaserne überrumpelt und zum Rücktritt gedrängt. Noriega – gespielt von Bob Hopkins – bat darum, einen Moment in seinem Büro alleine gelassen zu werden, um zu beten. Der Anführer der Rebellen gestattete dies, obwohl seine Mitstreiter damit nicht einverstanden waren. Als Noriega alleine war, rief er seine Freundin an und bat sie, dem Polizeiminister zu befehlen, eine Einheit ihm ergebener Soldaten in Marsch zu setzen, die Familienmitglieder der Rebellen zu verhaften und dann ihn, Noriega, anzurufen.

Als die Rebellen wieder das Büro betraten, hatte sich die Situation vollständig verändert. Noriega saß selbstbewusst auf seinem Bürostuhl, und als der Anruf des Polizeiministers kam, waren die Rebellenführer bereits geschlagen. Und als wenig später die Noriegatreuen Truppen die Kaserne stürmten, rührten die Rebellen keinen Finger, um Noriega zu töten. Schließlich hatte er sie über deren Familien in der Hand. Was mit den Rebellen geschah, muss ich hier nicht weiter erläutern.

Natürlich ist dies ein sehr extremes Beispiel. Aber es macht das Prinzip des Kampfes zwischen Mobber und Gemobbtem deutlich: Der Mobber will siegen, in der Regel um jeden Preis. Er gibt erst Ruhe, wenn er Sie losgeworden ist, egal wie. Wenn Sie den Kampf gegen ihn aufnehmen, müssen Sie Siegeswillen entwickeln. Wenn Sie Ihren Gegner besiegen können – d. h. dass er die Firma, die Institution verlassen muss und nicht Sie, dass er bei einer Beförderung übergangen wird und nicht Sie, dass er öffentlich bloßgestellt wird und nicht Sie –, dann sollten Sie nicht zögern und kein falsches Mitleid haben. An den Großmut und an den Anstand des Gegners zu appellieren, funktioniert im Allgemeinen nur in Hollywood-Filmen mit Happyend.

Wenn Sie vom Opfer zum Gegner werden, kommt es in der Auseinandersetzung zwischen Ihnen und dem Mobber im besten Fall zu einer Patt-Situation, wo sie beide sich voreinander zurückziehen und sich in Mobbingaktivitäten in Zukunft zurückhalten. Sie behalten Ihren Arbeitsplatz. Sie werden Federn gelassen haben, aber nicht Sie alleine. Allerdings müssen Sie ständig aufpassen, dass der Mobber Sie nicht wieder angreift.

Wenn Sie das Folgende lesen wollen – und dies nicht nur aus reiner Neugier, sondern weil Sie sich effektiv zur Wehr setzen wollen –, dann achten Sie darauf, dass Sie all die positiven Eigenschaften und Einstellungen, die Sie im Umgang mit Menschen bisher hatten, nicht verlieren.

Bei allem, was Sie zur Rettung Ihres Arbeitsplatzes unternehmen, tun Sie es immer in dem Bewusstsein, dass Sie niemals aus eigenem Antrieb einen Menschen derart rücksichtslos und unfair behandeln würden, wenn Sie nicht durch sein Verhalten dazu gezwungen werden.

Als ich mich dafür entschied, mich nicht mehr mobben zu lassen, sondern die Mobberin zu mobben, war mir klar, was dies für mich bedeutet: Meine Vorgesetzte würde meine aktive Gegenwehr nur noch wütender machen, was wiederum zur Folge hätte, dass ich wahrscheinlich noch mehr Repressalien ausgesetzt sein würde als bisher. Im Nachhinein vermag ich nicht zu beurteilen, ob das Mobbing wirklich schlimmer geworden ist. Es war schlimm genug, und eine Steigerung schien mir gar nicht vorstellbar.

Wenn Sie, liebe Leserinnen und Leser, die Absicht haben, sich gegen Ihre Unterdrücker zur Wehr zu setzen, sollten Sie bedenken, ob Sie in der Lage sein werden, ein möglicherweise gesteigertes Mobbing zu ertragen, oder ob Sie sich nicht doch lieber mit der jetzigen Situation abfinden wollen, weil diese gerade noch erträglich ist.

Wenn Sie sich dazu entschließen, aktiv gegen den oder die

Mobber vorzugehen, weil alle friedlichen Möglichkeiten zur Konfliktlösung vergeblich waren, dann muss Ihnen klar sein, dass es keinen Weg mehr zurück gibt. Denn wenn Sie nur halbherzig den Mobber mobben, werden Sie eine Niederlage nach der anderen erleiden, und der Mobber wird sich Ihnen gegenüber letztlich nur noch stärker fühlen.

Haben Sie sich für den aktiven Widerstand entschieden, werden Sie eine wichtige Erfahrung machen: Sie werden sich nicht mehr oder nur noch in einem sehr eingeschränkten Maß hilflos bzw. ohnmächtig fühlen. Sie werden der Gegner sein, und nicht mehr das Opfer. Ein Gegner, der es seinem Feind nicht leicht machen wird. Ein Gegner, der bei der anstehenden Auseinandersetzung durchaus den Sieg davontragen kann oder zumindest nicht wehrlos bleibt.

Für die eigene Psychohygiene ist das Gegenmobbing hervorragend geeignet. Allein damit ist schon viel für Sie gewonnen. Wie Sie im vorangegangenen Kapitel lesen konnten, sind insbesondere die psychischen und psychosomatischen Folgen des Mobbings verheerend. Aufgrund von Hilflosigkeitserfahrungen resignieren viele Mobbingopfer und werden krank. Dies kann Ihnen dann nicht mehr passieren.

Die Psyche der Gemobbten

Wer zum ersten Mal in seinem Leben gemobbt wird, kann zunächst nicht begreifen, was da mit ihm geschieht. Wer noch nie gemobbt wurde, kann nur sehr schwer begreifen, was es bedeutet, ein Mobbingopfer zu sein.

Ein Gemobbter beschrieb die Erkenntnis, dass er gemobbt wird, als würde er mitten im Lauf vor eine Wand prallen, die plötzlich aus dem Nichts aufgetaucht ist. Gerade noch war die Welt »in Ordnung«, und nun verschiebt sich alles in die andere Richtung.

Eine Frau, 45 Jahre alt, die seit drei Jahren gemobbt wird, drückt es folgendermaßen aus:

»Ich habe überhaupt nicht begriffen, was passierte. Ich glaube, ich habe nur gelacht, als man mich zu meinem neuen Vorgesetzten rief und dieser mir mitteilte, dass man mit meinen Arbeitsleistungen nicht mehr zufrieden sei und mir nahe legen würde zu kündigen. Den ganzen Tag bin ich wie im Traum herumgelaufen. Ich habe überhaupt nicht verstanden, was sich da vor meinen Augen abspielte. Ich habe immer gerne gearbeitet und mir nie etwas zu Schulden kommen lassen, und dann kommt da so einer, der gerade mal ein paar Wochen auf der Station ist, und maßt sich an, meine Arbeit zu beurteilen!«

Für viele Mobbingopfer bricht ihr Welt- und Menschenbild zusammen. Davon ausgehend, dass – trotz aller immer wieder einmal auftauchenden Konflikte am Arbeitsplatz – Menschen, die zusammenarbeiten, prinzipiell miteinander auskommen wollen, sind sie schockiert, wenn sie plötzlich mit massiven psychischen Angriffen konfrontiert werden. In der Regel sind Gemobbte äußerst friedfertige Menschen. Sie sind fleißig, sehr engagiert, kompetent – und genau diese Eigenschaften können ihnen unter bestimmten Voraussetzungen zum Verhängnis werden (siehe hierzu »Die Psyche der Mobber«, S. 81 ff.).

In einem ambulanten Pflegedienst wurde eine neue Kollegin eingestellt. Sie war sehr kompetent und engagiert. Sie schaffte die Arbeit in wesentlich kürzerer Zeit als ihre Kolleginnen, was diesen natürlich überhaupt nicht gefiel, da nun offensichtlich war, dass bisher viel zu langsam und zu ineffektiv gearbeitet wurde. Also beschlossen sie, Gerüchte über die neue Kollegin zu verbreiten. Sie teilten der Pflegedienstleitung mit, dass die neue Kollegin die Patienten nicht richtig versorgen würde, nur um schneller mit der Arbeit fertig zu werden. Der erste Schritt zum Mobbing war damit getan. Ihm folgten weitere Schritte, um die neue Kollegin zu attackieren.

Natürlich gibt es Ausnahmen. Nicht immer sind gemobbte Mitarbeiter völlig unschuldig an ihrer Situation. Sie können Querulanten sein, die den Arbeitsablauf stören, so genannte »Kollegenschweine«, die prinzipiell nur an sich denken und auf Kosten ihrer Kollegen Vorteile für sich herausholen wollen, wie z. B. durch regelmäßige Krankschreibungen bei erhöhten Arbeitsanforderungen. Aber auch diese Verhaltensweisen stellen keine Rechtfertigung für Mobbing dar. Es zeigt nur die Unfähigkeit der Mobber und jener, die ein solches Verhalten tolerieren oder stillschweigend dulden, Probleme und Konflikte konstruktiv, also jenseits von psychischer Gewalt zu lösen.

Menschen werden – bei allen Ausnahmen, die es in unserer Gesellschaft natürlich gibt – im Allgemeinen zur Kooperation erzogen, d. h. dazu, Probleme mit friedlichen Mitteln zu lösen. Gemobbte haben – wie die meisten Menschen – dann in einer Mobbingsituation kein entsprechendes Verhaltensrepertoire, um sich gegen psychische Angriffe adäquat zu wehren, sobald die konventionellen Mittel versagen. Sie verfügen über keinen entsprechenden Notfallplan, der automatisch in Kraft tritt, wenn sie gemobbt werden.

Mobbing ist – obwohl es in erschreckender Weise in unseren westlichen »zivilisierten« Gesellschaften zunehmend häufiger vorkommt – kein Massenphänomen. Gemobbte müssen daher erst lernen, sich entsprechend zu verteidigen und aktiv zum Gegenangriff überzugehen. Das bietet dem Mobber zunächst einen großen Vorteil, und damit kann er über einen längeren Zeitraum hinweg eine Person terrorisieren, ohne dass diese sich zur Wehr setzt. Und wenn dann der oder die Gemobbte endlich an Widerstand denkt, ist er bzw. sie meist seelisch und körperlich bereits zu sehr angeschlagen, um noch überlegt und kraftvoll handeln zu können.

Daher ist es für Gemobbte und eigentlich für alle – denn niemand ist davor gefeit – so wichtig, auf einen eventuellen Mobbingfall vorbereitet zu sein. Mit diesem Buch haben Sie eine Art strukturierten Notfallplan, der Ihnen hilft, nicht in die Mobbingfalle zu gehen bzw. sich daraus ohne Schaden zu befreien.

Mitarbeiter und Mitarbeiterinnen, die von Vorgesetzten oder Kollegen am Arbeitsplatz terrorisiert werden, wollen sich, sobald sie feststellen, dass sie gemobbt werden, verteidigen. Zunächst sind sie verletzt, weil man ihnen Dinge unterstellt, die nicht zutreffen. Es herrscht der Gedanke vor, dass beispielsweise alles ja nur ein dummes Missverständnis sein kann, das sich durch ein Gespräch aus der Welt schaffen lässt. Und in der Tat – wie Sie im Kapitel »Mobbing – Psychoterror ohne Grenzen« (s. S. 36ff.) lesen konnten – kann Mobbing im Ansatz gestoppt werden, wenn es auf einem Missverständnis beruht und dieses rechtzeitig aufgelöst wird.

Basiert das beginnende Mobbing hingegen nicht auf einem Missverständnis, sondern auf einem bewussten Plan eines Kollegen oder Vorgesetzten, können solche Bemühungen nur ins Leere laufen. Der Gemobbte kann dies jedoch zunächst nicht wissen. Also wird er optimistisch in das Gespräch gehen und alles versuchen, das angenommene Missverständnis aus der Welt zu schaffen.

Gelingt ihm dies nicht, wird er früher oder später – berechtigterweise – wütend werden, wenn seine Friedensangebote stets ausgeschlagen werden. Er wird damit beginnen, sich zu beschweren, indem er Vorgesetzte einschaltet, sofern ein Kollege oder mehrere Kollegen ihn mobben, oder aber den nächsthöheren Vorgesetzten informieren, sofern es der direkte Vorgesetzte ist, der mobbt.

Der Gemobbte will die Dinge richtig stellen und von jedem Verdacht freigesprochen, d. h. rehabilitiert werden. Er appelliert an den gesunden Menschenverstand, an das von ihm vorausgesetzte Bedürfnis aller auf friedliche Koexistenz. Und er wird in der Regel darin enttäuscht.

Wenn Vorgesetzte das Problem leugnen bzw. ignorieren, beginnt der Gemobbte mit der Zeit, an seiner eigenen Wahrnehmung zu zweifeln. Er stellt sich die Frage, ob er einen Konflikt vielleicht nur aufbauscht, ob er vielleicht nur zu sensibel ist, ob er sich alles oder vieles nur einbildet oder aber ein Quertreiber ist.

Doch in der Regel ist mit der Wahrnehmung des Gemobbten alles in Ordnung. Er hat keine Halluzinationen, keinen Defekt im Gehirn, kein Persönlichkeitsproblem. Er wird lediglich mit einem Problem allein gelassen, das anderen zu lästig ist, um sich damit zu beschäftigen. Sein Instrumentarium zur Bewältigung der Problematik läuft ins Leere. Es muss ins Leere führen, denn der Mobber hat kein Interesse an einem friedlichen Ausgang.

Führt das Gespräch, der Appell, das Einschalten anderer Stellen (wie Betriebsrat, Mobbingbeauftragter etc.) nicht zum Erfolg, ist der Gemobbte mit seinen Lösungsmöglichkeiten am Ende. Er weiß nicht mehr, was er tun soll. Die ersten Empfindungen von Hilflosigkeit zeigen sich, gepaart mit einer durchaus berechtigten – wenn auch ohnmächtigen – Wut auf den oder die Mobber. Die entstehende Aggression verbleibt beim Opfer und findet keinen sichtbaren Ausdruck.

In einem solchen Zustand ist der Gemobbte noch wesentlich anfälliger für die Attacken des Mobbers, als er es vorher war. »Die Nerven liegen blank!«, berichtete ein Opfer in einem Beratungsgespräch. Der Glaube an eine Lösung des Konfliktes wird geringer und der Wunsch nach uneingeschränkter Rehabilitation hingegen immer größer. Doch das Erreichen dieses Ziels ist eher Phantasie denn Realität.

Der Gemobbte weiß nicht mehr, wie er weiterhin reagieren soll. Er möchte die Situation nicht verschärfen, kann sie aber auch nicht entschärfen. Seine Hilflosigkeit vergrößert sich. Sich so wie der Mobber zu verhalten ist ihm fremd. Dessen Methoden sind niederträchtig, bösartig. Auf dieses Niveau will sich der oder die Betroffene nicht begeben (außer in der Vorstellung) – und scheitert genau an dieser Niederträchtigkeit und Bösartigkeit des Kontrahenten, der diese Skrupel nicht hat.

Das Mobbingopfer befindet sich in einer nicht enden wollenden Schleife. Es dreht sich im Kreis. Es scheint keine Lösung zu geben außer der Resignation, der Kündigung, bestenfalls der Versetzung, wenn das möglich ist. Doch das möchte der Betroffene eben nicht. Hinzu kommt die Scham, von Kollegen oder Vorgesetzten auf eine Weise betrachtet und beurteilt zu werden, wie man gerade nicht betrachtet und beurteilt werden will.

Menschen, die gemobbt werden, werden früher oder später zu einsamen Menschen. Sie erleben sich als ausgegrenzt. Kollegen ziehen sich zurück. Im schlimmsten Fall ziehen sich Freunde, Bekannte und auch die Familie zurück.

Mobbingopfer würden am liebsten alles wieder ungeschehen machen. Sie überlegen, womit sie den Kollegen, den Vorgesetzten gereizt haben könnten. Es fallen ihnen viele mögliche Auslöser ein. Der Wunsch nach einem friedvollen Arbeitsklima wird immer größer. Doch er bleibt unerfüllt. Gemobbte werden psychisch und physisch immer schwächer, und schließlich resignieren sie.

Ist dies so, hat der Mobber gewonnen. Denn nun schlägt er auf sein Opfer ein, das sich nur noch duckt, um den Schlägen auszuweichen oder versucht, ihre Schlagkraft zu mildern. Für den Mobber ist dies der Idealfall.

Zum Reden erzogen, zur Friedfertigkeit sozialisiert, bleibt dem Gemobbten nichts anderes übrig, als sich seinem Schicksal zu ergeben oder – wenn er es sich leisten kann – zu kündigen.

Die Psyche der Mobber

Was geht in den Köpfen von Mobbern vor? Warum tun sie das, was sie tun? Haben sie eine besondere Persönlichkeitsstruktur, die ihr Verhalten erklärt? Im Folgenden werde ich einige grundsätzliche Überlegungen anstellen, die Ihnen helfen werden, die Verhaltensweisen von Mobbern besser zu verstehen, und die deshalb die Wirksamkeit der Gegenmobbing-Strategien erhöhen.

So individuell Mobber in ihrer Persönlichkeit auch sein mögen, allen ist etwas gemeinsam: Sie haben keine Skrupel, einen Menschen systematisch zu terrorisieren, wenn es darum geht, ihre eigenen Bedürfnisse durchzusetzen. Es sind Menschen, die sich keine Gedanken über den emotionalen Zustand ihrer Opfer machen, es sei denn, es nützt ihrem weiteren Vorgehen.

Dass Mobber in der Lage sind, so hemmungslos andere zu quälen, zu demütigen, zu verleumden, ja sogar in den Selbstmord zu treiben, ist nur möglich, wenn sie ihren Opfern jegliche Menschlichkeit absprechen. Degradieren sie ihre Opfer zu einem »Ding«, so müssen sie sie nicht mehr als ihresgleichen betrachten. Gemobbte befinden sich ganz einfach nicht auf der gleichen Ebene wie die Mobber, sondern ganz weit darunter.

Hier fällt die Parallele zu den Folterknechten beispielsweise des Dritten Reiches auf, die auf der einen Seite ihren »blutigen Geschäften« nachgingen, auf der anderen Seite fürsorgliche und liebevolle Familienväter und -mütter waren. Die gesellig, freundlich, durchaus intelligent, zuvorkommend waren, ohne diese Eigenschaften vortäuschen zu müssen. So auch die Mobber. Der Vergleich ist nicht zufällig gewählt, denn würden die Mobber die Gelegenheit dazu haben, würden sie auch vor körperlichen Angriffen nicht zurückschrecken. Und es gibt Fälle, die dies belegen. Der Hass des Mobbers auf sein Opfer kann derart groß sein, dass er diese Grenze überschreitet und sogar nicht davor zurückschreckt, sein Opfer in den Selbstmord zu treiben.

Mobber fühlen sich zudem legitimiert zu mobben. Sie fühlen sich im Recht, so seltsam dies auch klingt. Sie sind der Überzeugung, dass sie ihrem Unternehmen, ihrer Abteilung einen Gefallen tun, wenn sie einen Mitarbeiter oder einen Vorgesetzten aus einem Arbeitsverhältnis hinausdrängen – obwohl sie damit letztlich nur sich selbst einen Gefallen tun. Doch können sie sich dieses – einzig zutreffende – Motiv nicht eingestehen, weil das bedeuten würde, dass sie sich mit ihren eigenen psychischen Problemen auseinander setzen müssten. Aus diesem Grunde verbarrikadieren sie sich mehr oder weniger bewusst hinter dubiosen Erklärungsansätzen.

Warum aber mobbt ein Mobber? Weil er sich bedroht fühlt. Die Bedrohung ist in den wenigsten Fällen real. Es ist eine eingebildete Bedrohung. Aber dennoch wird sie für das Opfer auf eine äußerst unangenehme Weise Realität.

Das Problem des Mobbers liegt in seiner Psyche. Er leidet unter einer massiven Selbstwertproblematik; er »krankt« an seiner eigenen realen oder eingebildeten Unzulänglichkeit. Diese wird dann aktiviert, wenn er mit einer Person oder einer Situation konfrontiert wird, die seine Unzulänglichkeit – wenn auch nur für Sekunden – für ihn und/oder andere sichtbar macht. Das Gefühl der Unzulänglichkeit muss er wieder unter Kontrolle bringen, indem er z. B. die Person, die es in ihm ausgelöst hat, unter Kontrolle bringt. Von nun an verfolgt er diese Person mit seinem ganzen Hass, weil sie es – ohne dass es ihr bewusst ist – gewagt hat, ihn an seine reale oder eingebildete Minderwertigkeit zu erinnern. Nur wer einen anderen Menschen abgrundtief hasst, ist zu dem fähig, wozu der Mobber fähig ist.

Was ist es nun, das die Mobber so sehr an einer Person reizen kann, dass sie bereit sind, deren berufliche Zukunft und deren Gesundheit zu zerstören? Sehen wir uns folgendes Beispiel genauer an:

Herr Berthold arbeitet in seiner Firma seit über sechs Jahren als Sachbearbeiter. Er ist ein beliebter und geschätzter Kollege. Als ein neuer Abteilungsleiter eingestellt wird, nachdem dessen Vorgänger in Pension ging, geraten dieser und Herr Berthold nach nur wenigen Wochen aneinander. Eigentlich ist es nur eine Lappalie, die zu dem gestörten Verhältnis zwischen den beiden Männern führt: Herr Berthold wagt es, in einer Angelegenheit nicht einer Meinung mit dem Abteilungsleiter zu sein. Er stellt seine Bedenken zu einer Entscheidung dar – und dies nicht in einer Teamsitzung, sondern unter vier Augen mit dem Abteilungsleiter. Herr Berthold will ihn doch schließlich nicht in eine peinliche Situation bringen.

Der Abteilungsleiter reagiert in dem Gespräch freundlich und verständnisvoll. Herr Berthold ist zufrieden. Doch in den nächsten Tagen stellt er fest, dass der Abteilungsleiter ihn nicht mehr zu sich ruft, um arbeitsplatztechnische Fragen durchzugehen, wie dies bisher täglich der Fall war. In einer Teamsitzung stellt der Abteilungsleiter eine Idee vor und sagt dabei zu Herrn Berthold in einem gehässigen Tonfall: »Oder haben Sie etwa einen anderen Vorschlag?!«

Innerhalb der nächsten Wochen verschlechtert sich das Verhältnis zwischen den beiden zusehends. Der Abteilungsleiter übergeht Herrn Berthold selbst bei routinemäßigen Fragen und zieht dessen Kollegen in sein Vertrauen. Im weiteren Verlauf wird Herr Berthold vom Abteilungsleiter in der Ausübung seiner Tätigkeit behindert, als Versager dargestellt und als inkompetent bezeichnet. Er macht ihn lächerlich, wo es möglich ist.

Herr Berthold machte einen »Fehler«, den jeder begehen kann. Er versuchte, seinen Job zu machen, indem er kritisch auf eine möglicherweise falsche Entscheidung aufmerksam machte. Dies fasste der Abteilungsleiter als einen Angriff gegen seine Person auf und reagierte entsprechend. Es kann jedoch kein Mensch erahnen, dass eine an sich harmlose und konstruktiv gemeinte Bemerkung einen Sturm des Hasses im anderen auslöst. Allein schon aus diesem Grund kann man sich vor Mobbing nie wirklich schützen oder entsprechend vorbeugend handeln.

Die bereits angesprochene Selbstwertproblematik des Mobbers beeinflusst massiv sein Denken, Fühlen und Handeln. Die daraus entstehende Unsicherheit des Mobbers verbindet sich im Allgemeinen mit folgenden zusätzlichen Faktoren:

- Allgemeine menschliche Schwächen (Neid, Eifersucht, Geltungssucht)
- Übersteigertes Kontrollbedürfnis (Perfektionismus)
- Machtgier (Herrschsucht, Unterdrückungsbedürfnis)
- Aggressivität (Angst, Ärger, Wut, Hass)
- Übertragung (Antipathie, Abneigung, Hass)

In jedem Menschen wirken obige Faktoren – einzeln oder zusammen – und beeinflussen sein Handeln auf irgendeine Weise. Aber sie gewinnen in der Regel nicht einen solchen Einfluss auf eine Person wie dies beim Mobber der Fall ist. Durch dessen reale bzw. eingebildete Unzulänglichkeit – die in der Regel im Lauf der Kindheit entstanden ist – werden obige Faktoren nicht mehr im »Normbereich« gehalten, sondern schießen weit darüber hinaus.

Wir alle kennen das Gefühl von *Neid*, von *Eifersucht*. Wir sehen einen Menschen, der in etwas besser zu sein scheint als wir, mag dies Äußerlichkeiten betreffen oder eine erbrachte Leistung. Gewöhnlich lösen wir diese Gefühle noch im Prozess ihrer Entstehung auf, sodass wir sie manchmal überhaupt nicht bewusst wahrnehmen. Bei manchen Menschen hingegen sind Neid und Eifersucht stärker ausgeprägt. Trotzdem gelingt es ihnen, sie auf irgendeine Weise zu bewältigen, sodass es nicht zu Konflikten bzw. nennenswerten Konflikten mit anderen kommen muss.

Die *Gier* nach Anerkennung kann zwar ebenfalls das Zusammenarbeiten von Menschen beeinträchtigen, indem um Beförderungen, Gratifikationen etc. gekämpft wird, doch muss diese Rivalität nicht automatisch in Mobbing ausarten.

Mitarbeiter, die in ihrer Arbeit sehr *perfektionistisch* sind oder einen Hang zur »*Herrschsucht*« haben, können sehr unbequeme und lästige Kollegen sein. Doch auch hier müssen bestimmte übersteigerte Persönlichkeitsmerkmale nicht gleich zu Mobbing führen.

Auch unsere natürliche *Aggressivität*, die sich gelegentlich in ruppigen Bemerkungen, Andeutungen, kleineren »Gehässigkeiten« zeigt oder auch in deutlichen Worten, mit entsprechenden Emotionen unterstrichen, ist im Allgemeinen eine Alltagserscheinung am Arbeitsplatz, die nicht weiter bedeutsam ist und keiner besonderen Aufmerksamkeit bedarf.

Übertragung ist ein Phänomen, das aus der Psychoanalyse bekannt ist. Es handelt sich – grob gesprochen – um die

Übertragung eines Gefühls auf eine Person, die mit dem Gefühl – bzw. mit der Usprungssituation, in der das Gefühl in der Begegnung zwischen zwei Menschen entstanden ist – nicht das Geringste zu tun hat. Ein Mitarbeiter kann einen Vorgesetzten an eine Person (aus der Vergangenheit oder Gegenwart) erinnern, die für diesen mit unangenehmen Gefühlen verknüpft ist (Antipathie, Hass), ohne sich dessen bewusst zu sein. Der Vorgesetzte nimmt nur seine Gefühle der Abneigung dem Mitarbeiter gegenüber wahr und lässt sich von ihnen im Denken und Handeln beeinflussen.

Als ich vor Monaten einen Schrank kaufte, kam mir ein Verkäufer entgegen, der mir auf Anhieb unsympathisch war. Ich war ihm gegenüber sehr zurückhaltend, beinahe unfreundlich. Natürlich fragte ich mich, woher dieses Gefühl kam, denn ich kannte den Verkäufer nicht, und er hatte mir nicht das Geringste getan. Erst im Laufe des Verkaufsgesprächs wurde mir bewusst, was mich an diesem Menschen störte. Er erinnerte mich durch sein Äußeres an den Verwaltungsleiter des Amtes, in dem ich gemobbt worden war. Als mir dies bewusst wurde, erlosch fast augenblicklich meine Abneigung dem Verkäufer gegenüber, und ich konnte mich wesentlich freundlicher verhalten.

Wir alle sind, wie gesagt, mehr oder weniger von obigen Faktoren in irgendeiner Weise betroffen, können in der Regel aber damit umgehen. Beim Mobber führen sie dazu, dass er sämtliche Hemmungen im Umgang mit einer anderen Person verliert.

Aufgrund seiner realen oder eingebildeten Unzulänglichkeit kann der Mobber im Laufe seiner persönlichen Entwicklung Eigenschaften (wie Perfektionismus, übersteigertes Kontrollbedürfnis usw.) ausgebildet haben, deren Ausleben ihm die Illusion vermittelt, die Unzulänglichkeit zu überwinden – bis zu dem Augenblick, wo er jener Person begegnet, die seine Illusion zerstört bzw. zerstören könnte. Kommen Neid und Eifersucht hinzu, potenziert sich die gesamte Problematik. Kommt es darüber hinaus oder aufgrund dessen auch zu einer Übertragung, verschlimmert sich die Problematik erneut.

All diese genannten Faktoren sind beim Mobber mit Aggressivität gepaart. In seinem Ärger, in seiner Wut, in seinem Hass und auch in seiner Angst kann er sich gegen einen vermeintlichen Widersacher nur mit psychischer Gewalt zur Wehr setzen, um seine seelischen »Verletzungen« zu kompensieren. Konfliktbereinigung mittels Gespräch kommt für ihn nicht in Frage. Das gibt ihm keine Befriedigung und würde voraussetzen, dass er sich mit den dunklen Seiten seiner Persönlichkeit auseinander setzt. Er »muss« stattdessen demütigen, quälen, zerstören. Das allein gibt ihm das verloren gegangene Gefühl der Überlegenheit zurück.

Mobbing hat immer mit Aggression zu tun. Mobbing ist möglicherweise sogar institutionell gewollt, weil nur der Beste, Hinterlistigste, Intriganteste, d. h. Aggressivste vorankommen soll.

Aufgrund ihrer »gestörten« Persönlichkeitsstruktur sind Mobber sehr nachtragend. Sie verzeihen nichts. Sie sind schnell beleidigt. Sie schlagen zurück. Im Grunde genommen sind sie schwache und bedauernswerte Menschen, die sich nur über Aggression ausdrücken können.

Ist der Mobber nicht ein Mobber aus Irrtum – das heißt durch eine Reihe von mehr oder weniger zufälligen Konflikten in diese Rolle hineingeraten – und bereit, endlich einen Schlussstrich zu ziehen, sondern ein Mobber aus Leidenschaft, so gibt es keine Aussöhnung. Seine Persönlichkeitsstruktur ist ganz darauf ausgerichtet, eine gegen ihn begangene »Verletzung« zu ahnden und sich dabei im Recht zu fühlen. Er will und muss den Gemobbten dafür bestrafen, dass dieser kompetenter, erfolgreicher, beliebter etc. ist als er – zumindest seiner Wahrnehmung nach.

Die in der Psyche des Mobbers liegenden Ursachen für sein Verhalten sind im Rahmen von Gesprächen kaum oder nicht zu bearbeiten. Niemals wird ein Mobber vor anderen die »wirklichen« Gründe seines Tuns preisgeben – sofern er sie überhaupt erkennen sollte. Und falls er aufgrund von äußerem Druck das Mobben einstellt, so geschieht dies nur wegen des Drucks und nicht aus einer Erkenntnis.

Mobbing ist ein zutiefst irrationales Geschehen. Für den Mobber gibt es nur das eine Ziel: Der Gemobbte muss sich geschlagen geben, kapitulieren, das Feld räumen, d. h. den Arbeitsplatz wechseln. Oder: Der Mobber selbst wird geschlagen und räumt das Feld.

Ein weiterer nicht unwesentlicher Faktor ist Macht. Es kann nur eine Person mobben, die Macht hat. Das bedeutet aber nicht zwangsläufig, dass nur ein Vorgesetzter aufgrund seiner Position mobben kann – es würde dann nämlich kein Mobbing unter Kollegen geben. Auch ein Mitarbeiter kann Macht haben, wenn er beispielsweise über einen Kollegen Gerüchte verbreitet, wenn er dessen Unterlagen verschwinden lässt, wenn er ihn vor anderen lächerlich macht, wenn er andere dazu bewegt, ihn zu ignorieren.

Das Bewusstsein von Macht ist für den Mobber ein Aphrodisiakum. Mittels seiner Macht kann er den Gemobbten für dessen Existenz, für dessen höhere Kompetenz, für sein besseres Aussehen etc. bestrafen. Und schon fühlt er sich seinem Opfer überlegen, was sein Unterlegenheitsgefühl, seine tatsächliche oder gedachte Minderwertigkeit reduzieren kann.

Des Weiteren kann sich der Mobber, insbesondere dann, wenn er sich mit anderen zusammengetan hat, allein oder im Kollektiv in einen Machtrausch hineinsteigern. So ist nicht selten zu beobachten, dass Menschen das Bedürfnis haben, einen Schwächeren nicht zu bemitleiden oder zu beschützen, sondern erst recht auf ihn »einzuprügeln«, weil dessen Hilflosigkeit sie nur noch mehr provoziert.

Herr Sombart, 54 Jahre, der seit einem Jahr von seinem Vorgesetzten und zwei Kollegen gemobbt wird, kämpft einen verzweifelten Kampf gegen seine Peiniger. Doch alles, was er erreicht, ist, dass er immer häufiger erniedrigt wird. Herrn Sombart ist die Verzweiflung ins Gesicht geschrieben. Man lacht ihn aus, wenn er nur den Mund aufmacht, beschimpft ihn leise oder laut – je nach Situation –, wenn man an ihm vorbeigeht. Man weiß, dass Herr Sombart im wahrsten Sinne des Wortes »am Ende ist«. Doch man macht sich einen Spaß daraus, ihn weiterhin zu quälen.

Der Mobber benötigt das Gefühl der Kontrolle, der Überlegenheit, der Stärke, das Gefühl, auf der »richtigen« Seite zu stehen. Diese Gefühle, die sich im konkreten Erleben von Macht Ausdruck verschaffen, geben dem Mobber eine einzigartige Befriedigung. Auch hier kann er sich wieder einreden, dass alles nur zum Besten der Institution oder sogar des Mitarbeiters geschieht. Doch all das täuscht nicht über den Fakt hinweg, dass durch die Erniedrigung des einen der andere sich erhöht.

Gerade in Institutionen mit einer starren Hierarchie – wie z. B. dem Militär – ist die Möglichkeit, Macht zu missbrauchen in besonderer Weise gegeben. Aber auch der autoritäre Chef, der keinen Widerspruch duldet, passt in diese Kategorie. Hier gibt es nicht zufällig ein Unten und Oben. Es soll deutlich machen, dass es eine Rangordnung unter Menschen gibt, dass so mancher mehr wert ist als ein anderer.

Macht dokumentiert immer ein Beziehungsverhältnis, setzt also mindestens zwei Personen voraus, wobei die eine Macht hat und die andere diese Macht akzeptiert. Würde der vermeintlich Unterlegene dies nicht tun, gäbe es keine Machtbeziehung. Was in unserem Fall bedeutet: Erkenne ich die Macht des Mobbers nicht an, ist der vermeintlich Mächtige machtlos (siehe dazu auch Strategie Nr. 14, S. 200 ff.).

Natürlich lässt sich das ein vermeintlich Mächtiger nicht gefallen. Er wird umso härter und brutaler zuschlagen, damit ich endlich begreife, wer hier das Sagen hat. Nehme ich den Mobber nicht ernst, provoziere ich ihn, seine vermeintliche Macht zu demonstrieren, steigt die Wahrscheinlichkeit, dass er mir gegenüber, seinem vermeintlichen Opfer, früher oder später einen eklatanten Fehler begeht, den ich zum eigenen Vorteil nutzen kann. Doch dazu später mehr.

Macht ist für den Mobber nur Mittel zum Zweck. Er ist im Allgemeinen in die Macht nur insoweit verliebt, als sie ihm gestattet, die Illusion der eigenen Großartigkeit aufrechtzuerhalten und sich keiner Kritik aussetzen zu müssen.

Das Problem bei der Macht ist, dass nur die wenigsten damit umgehen können und sie sehr schnell für ihre eigenen Bedürfnisse missbrauchen. Im Grunde genommen sollte es zu den wichtigsten Dingen bei Einstellungen in Unternehmen gehören, darauf zu achten, bestimmte Menschen nicht mit Macht auszustatten, weil sie damit nicht angemessen umgehen können.

So betrachtet, sitzen nicht unbedingt die Fähigsten an den Schaltstellen der Macht, sondern oftmals gerade die Unfähigsten, nämlich jene, denen es gelungen ist, alle Kontrahenten auf dem Weg zur Macht aus dem Weg zu räumen. Der Unsensibelste, der Härteste, der Skrupelloseste gewinnt – egal, ob in der Wirtschaft, in der Wissenschaft, in der Politik oder in den Medien. Lord Acton fasste gegen Ende des 19. Jahrhunderts seine Gedanken zur Macht in den berühmten Satz: »Macht korrumpiert. Absolute Macht korrumpiert absolut!«

Doch wir sollten nicht glauben, dass es nur bestimmte Menschen sind, die ihre Macht missbrauchen, sobald sie diese erst einmal haben. Es scheint ganz allgemein so zu sein, dass Macht nicht gerade das Beste im Menschen anspricht.

Der Sozialpsychologe Philip Zimbardo führte 1971 ein Experiment – das so genannte Stanford-Gefängnis-Experiment – mit Studenten durch. Er teilte die Studenten in zwei Gruppen. Die eine Gruppe sollte die Rolle von Wärtern übernehmen, die andere die von Gefangenen. Letztere wurden in Räume des Universitätskellers gesperrt und sollten 14 Tage von den Wärtern bewacht werden. Aufgabe der Wärter war, Ruhe und Ordnung zu gewährleisten. Schon nach drei Tagen musste das Experiment abgebrochen werden, denn die Wärter begannen, ihre Gefangenen auf unmenschliche Weise zu behandeln.

In dem Film »Das Experiment« wurde dieses Vorkommnis als Vorlage benutzt. Nur wurde in diesem Film die Situation – durchaus realistisch – auf die Spitze getrieben.

Fazit des Stanford-Gefängnis-Experiments war, dass Menschen dort, wo sie ungestraft die Möglichkeit haben, Macht in Form von Terror auszuüben, dies auch tun. Dabei war Zimbardo der Ansicht, dass es die Umstände seien und nicht der Charakter, der Menschen zu einem solchen Verhalten treibt. Ersichtlich ist aber daraus, dass ohne äußere Kontrolle Menschen zu jeder Art von Grausamkeit fähig sind.

Für den Mobber stellt eine Machtposition die Legitimation dar, die Macht dafür einzusetzen, sich selbst zu schützen und Menschen, die ihn seiner Ansicht nach »bedrohen«, seine Macht spüren zu lassen. So gesehen erhöht das reale Innehaben von Macht – insbesondere bei sehr unsicheren

Personen – die Wahrscheinlichkeit, diese zum Mobben einzusetzen.

Zu glauben, aufgrund der eigenen Macht auf niemanden Rücksicht nehmen zu müssen, führt zu der größenwahnsinnigen Idee, ein Recht auf ein solches Verhalten zu haben. Mobber in Machtpositionen erfüllt es mit Befriedigung zu verletzen, zu zerstören. Sie genießen ihre Macht, sie erfreuen sich an gequälten Gesichtern, an der Angst, die ein Untergebener, ein Mitarbeiter ausstrahlt.

Zwar mag es stimmen, dass in uns allen das Verlangen schlummert, anderen überlegen zu sein. Doch nur unter den »speziellen« Persönlichkeitsbedingungen, wie sie beim Mobber letztlich vorliegen, nimmt dieses Verlangen derart destruktive Ausmaße an.

Die Mobbing- und Widerstandsanalyse

> Wenn du den Feind und dich selbst kennst, brauchst du den Ausgang von hundert Schlachten nicht zu fürchten. Wenn du dich selbst kennst, doch nicht den Feind, wirst du für jeden Sieg, den du erringst, eine Niederlage erleiden. Wenn du weder den Feind noch dich selbst kennst, wirst du in jeder Schlacht unterliegen.
>
> *Sunzi*[9]

Sunzi, ein chinesischer Heerführer, schrieb dies vor etwa zweieinhalbtausend Jahren.

Bevor Sie mit den Gegenmobbing-Strategien beginnen, ist es von entscheidender Bedeutung, dass Sie in der Lage sind, sowohl Ihre persönliche Mobbingsituation möglichst objektiv zu analysieren als auch Ihre Bereitschaft zum aktiven Widerstand realistisch einzuschätzen. Gelingt Ihnen dies, können Sie Ihr Vorgehen optimal auf Ihre derzeitige Mobbingsituation abstimmen. Im weiteren Verlauf dieses Buches werden Sie dann lernen, wie Sie Ihren Gegner einschätzen und mit welchen Mitteln Sie ihn bekämpfen bzw. besiegen können.

Ihre persönliche Mobbinganalyse

In der Mobbinganalyse geht es um eine Reihe von Fragen, die den Zweck haben, dass Sie sich ein möglichst genaues Bild von Ihrer aktuellen Lage machen. Es ist sinnvoll, die folgenden Fragen schriftlich zu beantworten. Zwar kennen Sie die Situation und damit die Antworten, doch ist es ein Unterschied, ob man die Antworten im Kopf hat oder sie schriftlich fixiert. Letzteres ermöglicht Ihnen, die Antworten besser und genauer zu erfassen. Auf diese Weise schult sich Ihr Blick für Zusammenhänge, die Ihnen möglicherweise vorher nicht bewusst gewesen sind.

Wie lange werden Sie bereits gemobbt?

☐ Einige Tage
☐ Einige Wochen
☐ Einige Monate
☐ Einige Jahre

Werden Sie erst einige Tage oder Wochen gemobbt, sollten Sie auf S. 38 ff. überprüfen, ob es sich tatsächlich um Mobbing handelt. Vielleicht liegt »nur« ein Konflikt vor.

Von wem werden Sie gemobbt?

☐ Von einem Kollegen
☐ Von mehreren Kollegen
☐ Von einem Vorgesetzten
☐ Von mehreren Vorgesetzten

Überlegen Sie, ob Sie wirklich nur von einer Person gemobbt werden! Vielleicht sind mehrere Personen daran beteiligt.

Wie werden Sie gemobbt?

Führen Sie aus, auf welche Weise Sie gemobbt werden.

____

____

____

____

____

____

Die Beantwortung dieser Frage hat primär zum Ziel herauszufinden, wo der Mobber seinen Schwerpunkt setzt, um Ihnen zu schaden. Setzt er Gerüchte in Umlauf, oder schreit er Sie bei Besprechungen an, kombiniert er unterschiedliche Mobbinghandlungen oder beschränkt er sich auf eine bestimmte Handlung, die er dann allerdings intensiviert?

Wo liegen Ihre »Schwachstellen«, die man gegen Sie nutzen kann bzw. könnte?

____

____

____

____

____

____

Bei der Durchsicht Ihrer Antworten auf diese Frage ergeben sich vielleicht erste Ansatzpunkte für Sie, was Ihr »allergischer Punkt« sein könnte, wo Sie möglicherweise prompt und mit einem bestimmten Verhalten reagieren. Lesen Sie hierzu das folgende Beispiel, und überlegen Sie, ob der Mobber Sie auf ähnliche Weise zu einer ganz bestimmten vorhersehbaren Reaktion verleiten kann.

Herr Töltz, 53 Jahre alt, ist sehr auf seinen guten Ruf bedacht. Eines Tages kommt ihm das Gerücht zu Ohren, dass er Geld aus der Kaffeekasse genommen haben soll. Tatsächlich fehlen aus der Kaffeekasse 15 Euro. Herr Töltz ist über diese Anschuldigung empört. Trotz mehrfachem Nachfragen will ihm jedoch niemand sagen, wer das Gerücht in Umlauf gebracht hat. Herr Töltz verbringt mehrere schlaflose Nächte. Der Gedanke, dass ihn jemand des Diebstahls beschuldigen könnte, zehrt an seinen Nerven. Immer wieder versucht er, seinen Kollegen deutlich zu machen, dass er unschuldig sei – doch durch sein Verhalten und seine stetigen Unschuldsbeteuerungen wirkt er nur umso schuldiger.

Mehrere Wochen später hört er, dass ein weiteres Gerücht über ihn im Umlauf ist. Er soll Medikamente aus dem Medikamentenschrank entnommen und an Patienten verkauft haben. Herr Töltz ist völlig verzweifelt. Er bittet seine Kollegen immer wieder, ihm den Namen desjenigen zu nennen, der dies behauptet. Doch alle schweigen und sind betroffen über seine heftigen Reaktionen.

Herr Töltz bekommt Magenprobleme. Er erscheint immer häufiger unpünktlich zum Dienst, weil er verschlafen hat. Aufgrund seines Schlafdefizits macht er Fehler bei seiner Arbeit. Nach mehreren Vorfällen dieser Art erhält er von der Pflegedienstleitung eine Abmahnung.

Vielleicht werden Sie nun sagen, Herr Töltz habe überreagiert. Vielleicht hat er das auch. Aber der oder die Mobber haben genau gewusst, wo die Schwachstelle bei Herrn Töltz sitzt, und haben dieses Wissen für ihre Zwecke ausgenutzt. Gleiches kann auch Ihnen passieren oder ist Ihnen vielleicht schon passiert. Worauf legt der Mobber Wert, wenn er Sie mobbt? Womit trifft er Sie am meisten? Mit Gerüchten, die er gegen Sie in Umlauf bringt? Mit demutigenden Arbeiten, die Sie verrichten sollen? Mit Ignorieren Ihrer Person? Mit Gerüchten trifft er Ihre Ehre. Mit demütigenden Aufgaben Ihre Kompetenz. Mit Ignorieren Ihr Selbstvertrauen.

Mobber sind in der Regel nicht dumm. Sie überlegen sich genau, was sie tun und wie sie jemandem etwas antun können, und sie schätzen die Wirkung ihrer Handlungen ab. Sie haben gewisse Vorlieben in ihren Aktionen. Finden Sie deshalb Ihren persönlichen Schwachpunkt oder Ihre Schwachpunkte heraus, und überlegen Sie sich, wie Sie in Zukunft anders reagieren können, um dem Mobber zu demonstrieren, dass seine Vorgehensweise Sie nicht im Mindesten treffen kann.

Aus welchem Anlass hat Ihrer Meinung nach das Mobbing gegen Sie begonnen?

Was haben Sie möglicherweise (nicht) gesagt oder getan, was dazu geführt hat, dass eine Person sich dazu veranlasst sah, Sie von nun an zu mobben?

____

____

____

____

Was ist Ihrer Meinung nach der Grund für das Mobbing gegen Sie?

☐ Will jemand Ihre Position?
☐ Sind Sie jemandem unsympathisch?
☐ Ist Ihr Arbeitsplatz überflüssig geworden?
☐ Basiert alles nur auf einem Missverständnis?
☐ Hat der oder haben die Mobber Ihrer Meinung nach ein Persönlichkeitsproblem, wie dies im Kapitel »Die Psyche der Mobber« (s. S. 81 ff.) beschrieben worden ist?
☐ Andere Gründe: __________________________

____

Wie schätzen Sie zurzeit Ihre psychische und physische Verfassung ein?

Im Anschluss sehen Sie je eine Skala von 1 bis 10. Die Zahl 10 steht für eine gute Verfassung, die Zahl 1 für eine schlechte. Kreuzen Sie jene Zahl an, die Ihrer Meinung nach auf Ihre derzeitige psychische und physische Verfassung zutrifft. Stellen Sie sich dann die Frage, was genau passieren müsste, damit Sie eine nächsthöhere und eine nächstniedrigere Zahl benennen könnten, und schreiben Sie das Ergebnis auf.

Psychische Verfassung:

1 2 3 4 5 6 7 8 9 10

Physische Verfassung:

1 2 3 4 5 6 7 8 9 10

Welche Symptome haben sich bei Ihnen bereits gezeigt?

____

____

____

____

____

Wie lange, glauben Sie, halten Sie den Psychoterror am Arbeitsplatz noch aus?

☐ Tage
☐ Wochen
☐ Monate
☐ Jahre

Was haben Sie bereits unternommen, um gegen das Mobbing vorzugehen?

____

____

____

____

____

Wie schätzen Sie die Wirksamkeit Ihrer bisherigen Vorgehensweise ein?
Die Zahl 10 steht für hohe Wirksamkeit, die Zahl 1 für geringe Wirksamkeit.

1	2	3	4	5	6	7	8	9	10

Sollten Sie zu sehr niedrigen Ergebnissen kommen, sollten Sie sich die Frage stellen, warum das so ist. Liegt es an Ihnen, dass Sie sich zu wenig einsetzen, um Ihre Situation zu verbessern? Liegt es an der Institution selbst, die möglicherweise kein Interesse an einer Lösung hat oder das Problem überhaupt nicht als ein solches wahrnimmt? Liegt es am Mobber, dessen Einfluss so groß ist, dass Ihre Aktionen keinerlei Aussicht auf Erfolg haben?

Wie schätzen Sie Ihre derzeitige Position in Ihrem Betrieb ein?

☐ Unhaltbar
☐ Schwierig
☐ Mittelmäßig
☐ Akzeptabel
☐ Gut
☐ Sehr gut

Werden Ihre Einschätzungen – ob positiv oder negativ – durch Fakten gestützt? Falls nicht, überlegen Sie, wie es Ihnen gelingen könnte, Ihre derzeitige Position zu ermitteln.

Wie schätzen Sie Ihre Chancen ein, mit einem gezielten Gegenmobbing Ihre Position zu verbessern?

Die Zahl 10 steht für sehr gute Chancen, die Zahl 1 für sehr schlechte Chancen. Kreuzen Sie jene Zahl an, die Ihrer Meinung nach auf Ihre Situation zutrifft. Stellen Sie sich die Frage, was genau passieren müsste, damit Sie eine nächsthöhere und eine nächstniedrigere Zahl benennen könnten, und schreiben Sie das Ergebnis auf.

1 2 3 4 5 6 7 8 9 10

Stellen Sie sich die Frage, ob ein aktives Gegenmobbing sich für Sie lohnen kann oder ob es nicht doch sinnvoller ist, zu kündigen bzw. sich versetzen zu lassen, falls diese Möglichkeit bestehen sollte.

Ihre persönliche Widerstandsanalyse

Im Folgenden geht es nun darum herauszufinden, was für ein Widerstandstyp Sie sind. Dabei soll von zwei extremen Polen ausgegangen werden. Der eine Pol weist Sie als sehr harmoniebedürftig/friedfertig aus, der andere als sehr konfliktbereit/angriffslustig. Zwischen diesen beiden Polen gibt es fünf Zwischenpositionen:

1 = sehr harmoniebedürftig

2 = harmoniebedürftig

3 = annähernd harmoniebedürftig

4 = sowohl harmoniefähig als auch konfliktfähig

5 = annähernd konfliktbereit

6 = konfliktbereit

7 = sehr konfliktbereit

Wenn Sie sich für einen der Punkte entschieden haben, dann schreiben Sie in das entsprechende Feld die Argumente, die Sie zu diesem Schluss haben kommen lassen. Arbeiten Sie mit Beispielen.

Welcher Typ bin ich?

Typ 1: sehr harmoniebedürftig

Typ 2: harmoniebedürftig

Typ 3: annähernd harmoniebedürftig

Typ 4: sowohl harmoniebedürftig als auch konfliktfähig

Typ 5: annähernd konfliktbereit

Typ 6: konfliktbereit

Typ 7: sehr konfliktbereit

Vielleicht gibt es Situationen in Ihrem Leben, wo Sie – trotz eines Wertes von 1, 2 oder 3 – alles andere als harmoniebedürftig waren bzw. sind. Gibt es Situationen in Ihrem Leben, wo Sie für etwas kämpfen können? Manche Menschen können sehr gut für andere kämpfen, nur wenn es um sie selbst geht, haben sie Schwierigkeiten. Gehören Sie dazu? Falls ja, warum?

Sollten Sie Situationen kennen, wo Sie für sich oder für andere kämpfen, so wissen Sie damit, dass auch die Fähigkeit zum Kampf in Ihnen steckt. Sie müssen diese Fähigkeit nur für Ihre Zwecke nutzen lernen. Im Kapitel »Grundlagen der psychologischen Kriegsführung« (s. S. 110ff.) erhalten Sie konkrete Hilfestellung hierzu.

Sollten die Werte 1 oder 2 auf Sie zutreffen, so heißt das noch lange nicht, dass Sie in einer Auseinandersetzung mit dem Mobber stets den Kürzeren ziehen und sich alles gefallen lassen müssen. Ich selbst hätte mich, bevor ich gemobbt wurde, beim Wert 2 eingeordnet, da ich mich als friedfertig und harmoniebedürftig empfinde. Doch ich war keinesfalls wehrlos. Machen Sie sich klar, dass es hier um Ihr Leben geht!

Stellen Sie sich folgende Situation vor: Was würden Sie tun, wenn jemand Sie zusammenschlagen oder sogar töten wollte? Sie wollen mit dieser Person reden. Das nutzt nichts. Sie wollen weglaufen. Das geht nicht. Nun können Sie nur hoffen, dass es nicht allzu schlimm wird und man Sie am Leben lässt – oder aber Sie verteidigen sich. Natürlich ist das leichter, wenn Sie wissen, wie das geht. Aber sich Gewalt antun zu lassen, nur weil Sie nicht wissen, wie man sich verteidigt, kann nicht die Alternative sein.

Genauso ist es, wenn Sie gemobbt werden. Wehren Sie sich nicht, gehen Sie unter. Zwar werden Sie hier in der Regel nicht körperlich attackiert, aber früher oder später wird der Stress Sie körperlich und seelisch krank machen.

Sind Sie eher der konfliktbereite, angriffslustige Typ (Werte 6 und 7), so lauert auf Sie eine andere Gefahr, nämlich die, dass Sie – vom Schwung Ihrer Konfliktbereitschaft und Angriffslust getragen – über das Ziel hinausschießen und sich mehr Blößen geben, als es für eine Auseinandersetzung sinnvoll ist. Auch hierzu werden Sie im Kapitel »Grundlagen der psychologischen Kriegsführung« (s. S. 110ff.) einige grundlegende Hilfestellungen kennen lernen.

Zur Widerstandsanalyse gehört auch, dass Sie sich die Frage stellen, was genau Ihr Ziel ist. Ist Ihr Ziel, nicht mehr alles erdulden zu wollen, und wollen Sie endlich zurückschlagen? Ist Ihr Ziel, den Mobber zu besiegen? Ist Ihr Ziel, den Mobber durch Ihren Widerstand dazu zu bewegen, sich zurückzuhalten, sodass eine Patt-Situation entsteht, wo Sie beide nebeneinander existieren können? Ist Ihr Ziel – sofern Sie an eine Auflösung Ihres Arbeitsverhältnisses denken –, aus der Tatsache, dass Sie gemobbt werden, das Beste für sich herauszuholen?

Wollen Sie dem Mobber zeigen, dass Sie sich nicht alles gefallen lassen, so ist dies allein noch kein Ziel, denn es führt nicht zur Lösung des Problems. Besser wäre es, dem Mobber aktiven Widerstand entgegenzusetzen, um eine Patt-Situation mit einem klaren Kräfteverhältnis zueinander zu erreichen.

Sollten Sie die Institution unter keinen Umständen verlassen wollen bzw. können, so bleibt Ihnen letztlich nichts anderes übrig, als eine Patt-Situation herzustellen oder systematisch an der Ausgrenzung des Mobbers zu arbeiten.

Voraussetzung hierfür ist allerdings, dass Sie Ihre derzeitige berufliche Position halten können und diese sich nicht weiter zu Ihren Ungunsten verschlimmert.

Wenn Sie den Mobber besiegen wollen, dann muss Ihnen klar sein, dass Sie keinerlei Skrupel haben dürfen, um dieses Ziel zu erreichen. Denn der Mobber hat diese Skrupel nicht.

Wollen Sie aus der Tatsache, dass Sie gemobbt werden, das Beste für sich herausholen, dann dürfen Sie auch hier keine Skrupel haben. Sie werden den Mobber zwar nicht besiegen, doch Sie können ihn und die ihn passiv oder aktiv unterstützende Institution dazu verleiten, eklatante Fehler zu machen. Das stärkt Ihre Ausgangsposition für Abfindungsverhandlungen enorm.

Grundlagen der psychologischen Kriegsführung

> Der General, der eine Schlacht gewinnt, stellt vor dem Kampf im Geiste viele Berechnungen an. Der General, der verliert, stellt vorher kaum Berechnungen an. So führen viele Berechnungen zum Sieg und wenig Berechnungen zur Niederlage – überhaupt keine erst recht!
>
> *Sunzi*[10]

Psychologische Kriegsführung ist die Kunst, den Gegner mittels psychologischer Strategien derart unter Druck zu setzen, dass er nicht mehr rational reagieren kann und somit Fehler macht, die man zu eigenen Zwecken nutzen kann.

Und genau hierum geht es auch dem Mobber – ganz gleich, ob er nun mehr oder weniger bewusst psychologische Kriegsführung betreibt. Inwieweit er Sie bereits in einen emotionalen Ausnahmezustand getrieben hat, können Sie selbst am besten beurteilen. Es wird allerdings Zeit, dass Sie den Spieß umdrehen.

Wollen Sie sich gegen den Mobber effektiv zur Wehr setzen, ist es unerlässlich, dass Sie sich mit psychologischer Kriegsführung auseinander setzen und sie auch anwenden. Ziel der psychologischen Kriegsführung ist, dass Sie

1. den Mobber solange psychisch unter Druck setzen, bis er:
   - psychisch angeschlagen aufgibt (das Mobbing einstellt).
   - Fehler macht (die Sie für die Durchsetzung Ihrer Interessen nutzen können, wie z. B. den Mobber durch Informationen über ihn zur Aufgabe zwingen oder die Informationen als Mittel einsetzen, um die Abfindungssumme zu beeinflussen).

2. durch Gegenmobbing keine Hilflosigkeitserfahrungen machen und damit psychisch und physisch gesund bleiben bzw. werden.

3. durch Gegenmobbing Ihr Selbstbewusstsein erhalten und Ihre Selbstachtung nicht verlieren.

Es gibt nur vier Möglichkeiten, wie dieser Krieg am Arbeitsplatz ausgehen kann – sie entsprechen den Zielen, die im Abschnitt »Ihre persönliche Widerstandsanalyse« (s. S. 104 ff.) erläutert wurden:

1. Sie siegen.
   Der Mobber verliert. Verlieren heißt, der Mobber verlässt das Feld, kündigt, oder aber Sie haben ihn in der Falle und können ihn jederzeit »vernichten«. Bedenken Sie, dass es Situationen geben kann, wo es sinnvoll ist, den Gegner nicht zu vernichten.

2. Der Mobber siegt.
   Sie verlieren. Verlieren heißt, Sie kündigen, werden versetzt, leiden an den psychischen und physischen Folgen.

3. Sie siegen, und der Mobber siegt auch.
   Sie verlassen Ihr Unternehmen, haben aber eine akzeptable Abfindung für einen Neuanfang. Der Mobber ist Sie los. Und Sie auch ihn.

4. Niemand verliert, niemand siegt.
   Das ist keine gute Lösung, denn nun müssen Sie ständig vor Ihrem Gegner auf der Hut sein. Aber immer noch besser, als weiterhin unterdrückt zu werden.

Handeln Sie – nachdem alle konventionellen Möglichkeiten ausgeschöpft sind – nicht, verlieren Sie in jedem Fall. Wenden Sie hingegen die hier besprochenen Strategien an, stehen die Chancen, dass Sie gewinnen, immerhin 50:50. Ist der Mobber erst einmal psychisch angeschlagen, und bemerkt er, dass Sie mit Ihren Strategien Erfolg haben, dann erhöhen sich Ihre Chancen, als Sieger aus dieser Auseinandersetzung hervorzugehen, um ein Vielfaches.

Psychologische Kriegsführung ist ein weites Feld. Im Kontext von Mobbing bedeutet es, dass Sie zunächst die Schwachstellen in der Psyche des Mobbers herausfinden und diese gezielt für Ihre Zwecke einsetzen. Beim Lesen des Kapitels »Die Psyche der Mobber« (s. S. 81ff.) haben Sie sicherlich festgestellt, dass es nicht sonderlich schwer ist, die Schwachstellen zu entdecken (siehe dazu auch Strategie Nr. 9, S. 160ff.).

Sie können Ihren Gegner hervorragend unter Druck setzen, ihn an den »Rand des Wahnsinns« treiben, wenn Sie ihm genau das verweigern, was er so dringend für sein »Seelenheil« benötigt. Braucht der Mobber Kontrolle über Sie, müssen Sie ihm die Kontrolle über sich entziehen. Hat er Angst vor Ihnen, müssen Sie diese Angst verstärken. Ist er eifersüchtig auf Sie, müssen Sie die Eifersucht vergrößern. Ist er perfektionistisch, müssen Sie ihn ins Chaos stürzen. So zermürben Sie Ihren Gegner Schrift für Schritt. Mittel- bis langfristig können Sie mit den Gegenmobbing-Strategien den anderen in die Knie zwingen.

Sobald Sie der Mobber nicht mehr als ein hilfloses Opfer, sondern als einen gefährlichen Gegner wahrnimmt, haben Sie eine ganz andere Ausgangsposition als bisher. Möglicherweise wird sich der Terror des Mobbers aufgrund Ihrer Gegenwehr verstärken. Denn Ihr Gegner will und kann – wegen seiner besonderen psychischen Problematik – nicht zulassen, dass Sie aus Ihrer Opferrolle herauswollen und auch -kommen. Lassen Sie sich von seiner »Überaktivität« nicht beirren, und setzen Sie sich weiterhin gezielt zur Wehr. Vielleicht sind die nun einsetzenden Aktionen des Mobbers derart überzogen, dass Sie diese zu Ihrem Vorteil nutzen können (siehe dazu auch Strategie Nr. 15, S. 209ff.).

Das Mindeste, was Sie mit Ihrer Gegenwehr positiv erreichen können, ist, dass der Mobber in seinen Aktionen Ihnen gegenüber nun wesentlich vorsichtiger wird. Lassen Sie sich allerdings nicht durch Atempausen, die Ihnen der Mobber gewährt, beeindrucken. Wahrscheinlich ruht er sich nur kurz aus oder bereitet eine neue Intrige vor.

Wenn Sie die Gegenmobbing-Strategien erfolgreich anwenden wollen, dann ist von entscheidender Bedeutung, dass Sie die folgenden sieben Grundregeln der psychologischen Kriegsführung beachten. Das so genannte *PASSAGE-Prinzip* ist im wahrsten Sinn des Wortes das Tor zum erfolgreichen Widerstand gegen Ihren oder Ihre Unterdrücker am Arbeitsplatz. Die sieben Grundregeln lauten:

Regel 1: Planung

Sie können gegen Mobber nur siegen, wenn Sie Ihre Handlungen sorgfältig planen. Der Begriff Strategie bezeichnet in diesem Zusammenhang die Kunst der Kriegsführung und beinhaltet eine umfassende Planung von Aktionen zur Verwirklichung von Zielen. Strategisches Denken bedeutet, dass in vielen Fällen nicht einzelne Strategien zum Erfolg führen, sondern nur das sinnvolle Zusammenfügen und Zusammenwirken von unterschiedlichen Strategien.

Im Einzelfall kann natürlich auch eine gezielte Aktion ausreichen, dann nämlich, wenn Sie genau den »Nerv« des Mobbers treffen. Gelingt Ihnen das, haben Sie gute Chancen, Ihre Ziele schneller zu erreichen.

Bedenken Sie: Der Mobber geht planmäßig gegen Sie vor und hat möglicherweise bereits Erfolge für sich verbuchen können: körperliche und psychische Beschwerden Ihrerseits oder sogar Verzweiflung oder Hilflosigkeit.

Strategien haben Nah-, Fern- und Nebenwirkungen. Diese sollten vor dem Einsatz einer Strategie bedacht werden. Damit kein falscher Eindruck entsteht: Man kann das Verhalten eines Menschen nicht bis ins Kleinste vorausberechnen, manchmal liegt man selbst bei den besten Ausgangsbedingungen »daneben«. Aber zu einer guten Planung gehört immer, dass man sich darüber klar wird, was man erreichen will, wie man es erreichen will, wann man es erreichen will und was es einen kosten wird. Manche Aktionen mögen im ersten Moment einen Vorteil für den Gemobbten bringen, können dann aber ins Gegenteil umschlagen (siehe dazu auch das Beispiel aus Regel 4).

Wenn Sie Ihre Vorgehensweise durchdacht angehen wollen, sollten Sie sich die Mühe machen, für jeden Tag einen Plan zu erstellen. Dabei können Sie sich an folgendem Raster orientieren:

Wie wird meine erste/nächste Aktion im Einzelnen aussehen?

1. Will ich eine einzelne Strategie einleiten oder mehrere?
2. Welche Strategie? Wo, wann, wie genau?
3. Will ich eine Strategie fortführen?
4. Will ich eine Strategie beenden? Wenn ja:
   – Was habe ich erreicht?
   – Was ist misslungen?
   – Was könnte ich noch versuchen?

Inwieweit habe ich mich bei meinen Aktionen von Wut oder Hass leiten lassen?

Beantworten Sie diese Frage anhand einer Skala von 1 bis 10, wobei die 1 für ein klares Nein steht und die 10 für ein unumstößliches Ja. Entscheiden Sie sich spontan für eine der 10 Ziffern.

1 2 3 4 5 6 7 8 9 10

Worin unterscheide ich mich vom Mobber, oder bin ich schon auf der gleichen Ebene wie er?

Kriterien für die Beantwortung dieser Frage sind beispielsweise: Handle ich aus Niedertracht, Rachsucht, Bösartigkeit, Gehässigkeit? Beantworten Sie diese Frage anhand einer Skala von 1 bis 10, wobei die 1 dafür steht, dass Sie sich nicht mehr von ihm unterscheiden, und die 10 dafür, dass Sie sich klar unterscheiden. Entschließen Sie sich spontan für eine der 10 Ziffern.

1 2 3 4 5 6 7 8 9 10

Beachte ich immer noch die sieben Grundregeln der psychologischen Kriegsführung?

Beantworten Sie diese Frage anhand einer Skala von 1 bis 10, wobei die 1 für Nein steht und die 10 für Ja.

1 2 3 4 5 6 7 8 9 10

Beantworten Sie sich diese Fragen täglich. Das hat den Vorteil, dass Sie überprüfen können, ob Ihr Handeln Ihrem Plan entspricht und ob Sie Gefahr laufen, sich von negativen Emotionen beherrschen zu lassen.

Regel 2: Aktion

Gehen Sie stets »im Geheimen« vor, d. h., lassen Sie sich bei Ihren Aktivitäten niemals von Dritten beobachten. Attackieren Sie Ihren Gegner niemals, wenn Zeugen zugegen sind oder sein könnten.

Nichts ist für einen Gemobbten so wichtig, als sich nach allen Seiten hin abzusichern (siehe dazu auch Strategie Nr. 8, S. 157ff.). Das Leben eines Mobbingopfers besteht weitgehend aus Absicherungsaktionen, damit ihm niemand ein Fehlverhalten nachweisen kann. Dieses Verhalten ist bedrückend, anstrengend, aber unerlässlich. Das Gleiche gilt für den Einsatz der unterschiedlichen Strategien. Es darf keine Zeugen geben, alles muss jederzeit zu leugnen sein.

Mobbing ist nur sehr schwer zu beweisen – Gegenmobbing auch. Das muss Ihre Maxime sein!

Regel 3: »Skrupellosigkeit«

In Ihrem Kampf gegen den Mobber können Sie keine Fairness von ihm erwarten. Daher müssen auch Sie sich »skrupellos« verhalten. Selbst wenn Sie gegen Ihre »Natur« handeln müssen, es gibt keine Alternative. Mobber haben keine Skrupel. Und so dürfen auch Sie keine haben.

Denken Sie immer daran, dass der Mobber ein Mensch ist, der ein Persönlichkeitsproblem hat, und mit dem es nichts mehr zu reden gibt. Seien Sie fair gegenüber Unbeteiligten. Lassen Sie diese nicht Opfer in Ihrem Kampf werden, selbst dann nicht, wenn der Mobber andere Personen ohne deren Wissen benutzt, um Ihnen zu schaden. Richten Sie Ihre ganze Konzentration auf den Mobber.

Jeder Skrupel Ihrerseits würde Ihnen als Schwäche ausgelegt werden und den Mobber nur dazu provozieren, Sie weiterhin zu attackieren. Sie müssen Skrupellosigkeit nicht zu Ihrer neuen Charaktereigenschaft machen, sondern lediglich für die Zeit, in der es angebracht ist, sich zur Wehr zu setzen. Wenn Sie im entscheidenden Augenblick zögern, werden Sie Chancen vergeben bzw. Ihre Niederlage heraufbeschwören. Denken Sie an das Beispiel vom panamesischen Diktator Noriega. Denken Sie an sich selbst! Andere tun es nicht!

Ist der Mobber ein Choleriker, jemand, der leicht in Wut gerät, dann nutzen Sie diesen Umstand für sich: Reizen Sie ihn, wann immer es möglich ist (siehe dazu auch Strategie Nr. 13 und 14, S. 185 ff. bzw. S. 200 ff.). Unterschätzen Sie niemals die Anfälligkeit der Psyche für Dauerstress – Sie selbst sind als Mobbingopfer das beste Beispiel dafür.

Regel 4: Selbstbeherrschung

Lassen Sie Ihren Gegner niemals in Ihre Seele blicken. Verschließen Sie sich ihm gegenüber. Setzen Sie eine undurchdringliche Maske der Höflichkeit auf, die selbst dann nicht in sich zusammenfallen darf, wenn der Mobber Sie bis aufs Blut reizt. Damit haben Sie ihn praktisch blind gemacht: Er sieht nicht, ob und wie seine Attacken Wirkung zeigen.

Lassen Sie sich auch niemals von Emotionen leiten. Wenn Sie kämpfen, dann kämpfen Sie ohne Wut oder Hass (siehe dazu auch Strategie Nr. 6, S. 147ff.). Wut und Hass sind schlechte Ratgeber. Sie müssen ständig einen klaren Kopf haben, damit Sie keine Fehler begehen. Ein Fehler kann Ihren Kopf kosten, und das können Sie sich nicht erlauben. Der Kampf gegen den oder die Mobber darf deshalb nie zur Besessenheit werden.

Beispielsweise wäre es ein elementarer Fehler, eine Information über den Mobber in Umlauf zu bringen, die sich zu Ihnen zurückverfolgen lässt. Diesen Bumerang-Effekt müssen Sie vermeiden. Sichern Sie sich bei allen Aktionen ab, handeln Sie nie spontan, nie impulsiv. Lassen Sie lieber eine scheinbar gute Gelegenheit ungenutzt vorüberziehen, als dass Sie Gefahr laufen, selbst in das Schussfeld zu geraten.

Ein Beispiel: Frau Berger, 25 Jahre, befindet sich im Büro

ihrer Chefin, von der sie seit ca. einem Jahr gemobbt wird. Die Chefin wird kurz aus dem Büro gerufen, Frau Berger bleibt im Büro. Sie sieht ein Angebot einer Firma auf dem Tisch liegen. Kurz entschlossen nimmt sie das Schreiben und steckt es in ihre Tasche. Nach dem Gespräch mit ihrer Chefin will sie das Schreiben in den Reißwolf legen, wird aber von der Chefin noch im selben Augenblick daran gehindert. Frau Berger war nicht aufgefallen, dass ein Kollege sah, wie sie das Schriftstück an sich nahm. Er teilte den Diebstahl unmittelbar nach dem Gespräch der Chefin mit.

Möglicherweise sagen Sie jetzt, dass Ihnen so etwas nie passieren könnte. Vielleicht haben Sie damit Recht. Vielleicht aber auch nicht. Versetzen Sie sich für einen Moment in die Lage von Frau Berger. Seit einem Jahr wird sie am Arbeitsplatz unterdrückt. Bisher hatte sie keine Möglichkeit, sich zur Wehr zu setzen. Sie hat jede Attacke ihrer Chefin hingenommen. Die Kollegen haben sich von ihr distanziert. Sie erlebt sich als hilflos, ausgeliefert, isoliert. Und plötzlich eröffnet sich ihr eine Chance. Sie nutzt sie, ganz spontan, denn endlich kann sie sich revanchieren.

Doch Frau Berger wird ertappt. Der kurze Moment der Befriedigung weicht der grässlichen Erkenntnis, dass an den Gerüchten, die die Chefin in Umlauf gesetzt hatte, und den Lügen, die sie allen Mitarbeitern erzählte, nun für alle sichtbar etwas dran ist. Die Chefin steht nun da als eine Person, die schon immer den wahren Charakter von Frau Berger kannte. Frau Berger sitzt rettungslos in der Falle, und nun ist jeder weitere Versuch einer Erklärung zum Scheitern verurteilt.

Hüten Sie sich also davor, zu schnell zu reagieren. Es kann Ihre endgültige Niederlage und das berufliche Aus bedeuten.

Regel 5: Agitation

Bleiben Sie ständig in Bewegung. Lassen Sie Ihren Gegner nicht zur Ruhe kommen. Bombardieren Sie ihn mit Ihren Strategien. Lassen Sie sich ständig etwas Neues einfallen, womit Sie den Mobber verunsichern und psychisch unter Druck setzen können.

Einer der berühmtesten Schwertkämpfer des alten Japan, Miyamoto Mushashi, prägte folgenden Satz, der auch für Sie Gültigkeit besitzen sollte:

»Beim Kämpfen ist es nie gut, wenn man sich vom Gegner lenken lässt und dadurch ins Hintertreffen gerät. Das Ziel muss immer und unter allen Umständen sein, den Gegner so zu lenken, wie man selbst es will. Natürlich wird auch der Gegner das Gleiche versuchen; aber er kann nicht zum Zug kommen, wenn du es nicht zulässt.«[11]

Solange man einem Gegner die Reaktion aufzwingt und ihn daran hindert, selbst zum Akteur zu werden, ist man im Vorteil. Ein Akteur hat Zeit, sich weitere Möglichkeiten auszudenken, den Gegner zu schlagen, wohingegen der andere damit beschäftigt ist zu reagieren.

Ist der Mobber in einer aktiven Position, ist es wichtig, sie ihm zu nehmen, ihn seiner damit verbundenen Sicherheit zu berauben und selbst zum Angreifer zu werden. Allerdings hat man als Gemobbter nicht immer viele Gelegenheiten zum Gegenmobbing. Es macht beispielsweise einen großen Unterschied, ob ein Mobber jederzeit erreichbar ist oder ob er auf einer anderen Etage abgeschirmt in seinem Büro sitzt und von seiner Sekretärin bewacht wird.

Regel 6: Geduld

Wenn Sie von der Planung zur Aktion schreiten, sollten Sie bedenken, dass manche Aktionen nicht sofort Wirkung zeigen, sondern Zeit benötigen oder sogar erst im Zusammenwirken mit anderen Strategien erfolgreich sind. Sie müssen dann wie eine Spinne warten, bis sich der Mobber in Ihrem Netz verfängt.

Gehen Sie auch nicht davon aus, dass Sie an der Mimik des Mobbers werden ablesen können, wie stark und wo genau Sie ihn getroffen haben. Vertrauen Sie stattdessen darauf, dass Ihre Handlungen Wirkung zeigen werden. Ihr Gegner ist nicht aus Stein, sondern aus Fleisch und Blut wie Sie – auch wenn er Ihnen etwas anderes vorspiegeln will.

Ein Beispiel für die Bedeutung von Geduld ist folgender Fall: Der Leiter eines Amtes begegnet einer neuen Mitarbeiterin auf dem Flur. Er sagt zu ihr im Vorbeigehen: »Lange werden Sie hier nicht bleiben!« Was soll die Mitarbeiterin nun tun? Sich beim nächsthöheren Vorgesetzten über die Bemerkung des Amtsleiters beschweren? Dieser wird natürlich alles leugnen. Und da er den Bonus des Chefseins und den Bonus der langen Betriebszugehörigkeit hat, wird man wahrscheinlich eher ihm glauben als ihr.

Was kann die Mitarbeiterin also tun? Nichts. Das Schlimme an der Geschichte ist, dass sie nun in Furcht vor dem Amtsleiter lebt: Was hat er vor? Wer ist vielleicht noch gegen mich?

Natürlich kann die neue Mitarbeiterin das Gesagte ignorieren. Aber das wäre falsch, denn »Lange werden Sie hier nicht bleiben!« ist eine klare Kampfansage und bereits Teil psychologischer Kriegsführung, die im schlimmsten Fall dazu führt, dass die Frau nun überall Intrigen vermutet, besonders genau arbeitet, sich unter Stress setzt und schließlich Fehler begeht, die dem Amtsleiter Munition liefern, um sie auf lange Sicht loszuwerden. Kein Beweis, keine Möglichkeit, sich zu verteidigen.

Das Einzige, was der Amtsleiter tun muss, ist, geduldig darauf zu warten, bis seine Bemerkung bei der Mitarbeiterin langsam Früchte trägt. Vielleicht beschleunigt er die Wirkung auch ein wenig, indem er sie bei der nächsten Begegnung wissend anlächelt, sie verächtlich anblickt oder zu ihr sagt: »Sie wissen schon …!«

Regel 7: Entschlossenheit

Kämpfen Sie für Ihr Leben! Kämpfen Sie nur halbherzig, haben Sie schon verloren. Machen Sie sich klar, dass Sie sich in einem Krieg befinden. Zu mobben ist kein Kavaliersdelikt. Derjenige, der mobbt, will bewusst einen anderen schädigen. Er nimmt die Möglichkeit, eher die hohe Wahrscheinlichkeit in Kauf, dass sein Opfer psychisch wie physisch leidet, und will das wohl auch, aus welchen Gründen auch immer.

Es ist nicht leicht, aus dem Gefühl der Hilflosigkeit, Mutlosigkeit und Verzweiflung heraus Entschlossenheit zu entwickeln, wenn man psychisch bereits schwer angeschlagen ist. Die folgenden Strategien beinhalten deshalb auch einige Schutz-Strategien. Diese können Ihnen helfen, neuen Mut zu schöpfen, frische Kräfte zu sammeln und sich in aller Ruhe auf kommende Auseinandersetzungen vorzubereiten.

Auch wenn wir es in unseren Breitengraden nicht gewohnt sind, im Wortsinne ums Überleben zu kämpfen, müssen Sie es hier dennoch tun. Sie müssen erkennen, dass Ihnen dies niemand abnehmen kann und wird. Es gibt zwei Reaktionen auf das Erleben von Ungerechtigkeiten, Niederlagen, Demütigungen, Schmerz: Die eine ist Resignation, die andere Aktion. Erheben Sie sich aus Ihrer Niedergeschlagenheit und schlagen Sie zurück. Jetzt!

Die Gegenmobbing-Strategien

Es gibt drei Arten von Gegenmobbing-Strategien:

1. Die Schutz-Strategien
2. Die Angriffs-Strategien
3. Die Zusatz-Strategien

Die *Schutz-Strategien* haben die Funktion, dass Sie sich selbst stärken. Es ist von enormer Wichtigkeit, dass Ihre Persönlichkeit und Ihr privates Leben so weit wie nur eben möglich intakt bleiben bzw. wieder werden.

Die *Angriffs-Strategien* verfolgen den Zweck, sich aktiv gegen das Mobbing am Arbeitsplatz zur Wehr zu setzen. Sie werden unterschieden in Defensiv- und Offensivstrategien. Defensivstrategien haben zum Ziel, Sie optimal auf den Angriff vorzubereiten, und stellen somit die Grundlage für die Offensivstrategien dar. Offensivstrategien haben zum Ziel, den Gegner systematisch psychisch unter Druck zu setzen.

Die *Zusatz-Strategien* sind wichtig für Sie, wenn Sie von mehreren Mobbern gleichzeitig attackiert werden.

Die Schutz-Strategien

Strategie Nr. 1: Legen Sie den Schwerpunkt auf Ihr Privatleben!

Ziel der Strategie:

Bauen Sie ein wirksames Gegengewicht zum Psychoterror am Arbeitsplatz auf, und treffen Sie eine Entscheidung zugunsten Ihres Privatlebens.

Grundsätzliche Überlegungen:

Jeder Mensch braucht einen Ort oder mehrere Orte, an denen und aus denen er Kraft schöpfen kann, um den beruflichen Alltag zu meistern. Dies ist schon bei einem ganz normalen Arbeitsverhältnis wichtig. Es ist nicht gut, wenn man seine beruflichen Probleme mit ins Privatleben nimmt oder der Beruf gleichzeitig das Privatleben ist. Natürlich ist es nicht immer möglich, das Berufliche vollständig vom Privaten zu trennen, und erst recht nicht, wenn es am Arbeitsplatz große Probleme gibt. Doch Sie sollten alles versuchen, diese Probleme so weit wie eben nur möglich aus Ihrem Privatleben fern zu halten.

Ist Ihr Privatleben durch das Mobbing am Arbeitsplatz beeinträchtigt, kann es geschehen, dass sich der Partner, die

Freunde und Verwandten von Ihnen abwenden, weil sie es nicht mehr ertragen können, ständig von Ihren Problemen zu hören (siehe dazu auch Strategie Nr. 7, S. 151 ff.).

Beispiel:

Herr Lerchenfeld, 49 Jahre, wird seit ca. drei Jahren von seinem Vorgesetzten gemobbt. Der zeigt sich sehr kreativ in seinen Bemühungen, seinem Mitarbeiter das Leben schwer zu machen. Herr Lerchenfeld kann mittlerweile von nichts anderem mehr reden als von seinem Vorgesetzten und dessen Schikanen. Seine Frau hört nur noch mit größtem Widerwillen zu. Nicht, dass sie ihren Mann nicht verstünde oder nicht hinter ihm stehen würde. Sie kann die fast immer gleichen Geschichten nur einfach nicht mehr hören.

Ihr Mann erzählt viele der Begebenheiten immer wieder. Auch wenn dieses ständige Wiederholen eine Entlastungsfunktion für Herrn Lerchenfeld darstellt, für seine Ehefrau ist es das genaue Gegenteil. Ständig grübelt er über die Vorkommnisse in der Firma nach. Er vernachlässigt seine Familie und gibt seine Hobbys auf, weil er keine innere Ruhe mehr dafür hat.

Kommentar:

Herr Lerchenfeld ist in eine Erzählschleife geraten, aus der er nicht mehr herauskommt. Seine Kraft reicht dafür nicht mehr aus. Das Erzählen verschafft ihm auch nur bedingt Erleichterung. Jedes Mal, wenn er eine Begebenheit erzählt, fühlt er sich sofort in die jeweilige Situation versetzt, so, als erlebe er die bedrohliche Situation live. Dass er seit drei Jahren gemobbt wird, trägt dazu bei, dass die Trennung zwischen Privatem und Beruflichem nur noch schwer möglich ist. Aber genau das gäbe ihm die Möglichkeit, neue Kraft für die kommenden Auseinandersetzungen am Arbeitsplatz zu gewinnen.

Wenn man bedenkt, dass die Arbeit so etwas wie eine zweite Heimat für viele Menschen ist und dass man häufig mehr Zeit mit seinen Kollegen und Vorgesetzten verbringt als mit seiner Familie oder mit Freunden, ist es keine Frage, dass man sich beruflich engagiert, so wie Sinn und Ziele des Lebens mit der Arbeit verbunden sind.

Um die notwendige Trennung zwischen Privatem und Beruflichem neu herzustellen, ist es wichtig zu erkennen, dass der jetzige Arbeitsplatz keine Heimat mehr darstellt – wenn er das jemals war – und aller Wahrscheinlichkeit nach es auch nie wieder werden wird. Er wird stattdessen zu einem »Niemandsland«. Hier gibt es keinen Sinn mehr, keine Ziele, die sich verwirklichen lassen, sondern im wahrsten Sinne des Wortes nur noch Schmerz und Leid, das der Mobber verursacht.

Berufliche Ziele werden deshalb brüchig. Dies ist nicht nur negativ zu sehen, sondern stellt auch eine Chance dar, den Schwerpunkt des Lebens neu zu ordnen und die Familie, die Freunde, die Freizeit als einen ebenso wichtigen, wenn nicht gar wichtigeren Bereich zu sehen (siehe dazu auch Strategie Nr. 2, S. 132 ff.). Die Überlegungen, die sich einem

Gemobbten mit der Zeit fast zwangsläufig aufdrängen, sind die, dass er seine bisherige Loyalität dem Arbeitgeber gegenüber in Frage stellt, ebenso seine Identifikation mit der Institution. Er sieht sich allein gelassen in einer Situation, in der er sich Unterstützung erhofft hatte. Die Fürsorgepflicht des Arbeitgebers sieht er nicht erfüllt. Die Arbeit an sich wird in Zweifel gezogen. Wofür hat man sich bisher eingesetzt? Natürlich, um Geld zu verdienen, die Familie zu ernähren, persönliche Ziele zu verwirklichen. Aber man lebte auch in der Vorstellung, vom Arbeitgeber in seinem Tun anerkannt und geschätzt zu werden, als ein produktives Mitglied einer Institution zu gelten und als solches positiv wahrgenommen zu werden.

Und nun erhält man einen Schlag ins Gesicht. Ein Lebenssinn löst sich auf oder erhält die ersten – oft nicht mehr zu kittenden – Risse. Er verpufft angesichts des Mobbings. Alles wird fraglich. Zum ersten Mal ist man nicht mehr Teil einer (Arbeits-)Gemeinschaft. Man steht außerhalb. Ungewollt, aber dennoch definitiv. Denn alles ist anders geworden.

Dieser Umstand kann wie gesagt eine gute Chance sein, das Leben neu zu ordnen, sich dem engeren Bezugskreis im Leben, dem Privatbereich, zuzuwenden, an seiner eigenen Selbstverwirklichung, die man möglicherweise bisher zugunsten der Arbeit vernachlässigt hat, zu arbeiten, der Familie, dem Partner mehr Zeit als bisher zu widmen.

Das heißt natürlich nicht, dass Sie Ihre Arbeit vernachlässigen sollen, sondern nur, dass es daneben auch noch etwas anderes gibt. Bauen Sie den privaten Bereich Ihres Lebens wieder auf bzw. mehr aus. Dadurch werden Sie Kraft schöpfen und andere Gewichtungen vornehmen können, die den Stellenwert der Arbeit für Sie nicht auflösen, aber auf ein sinnvolles Maß reduzieren.

So schwer es Ihnen auch fallen mag, machen Sie sich bewusst, dass die Arbeit nicht das gesamte Leben ausmacht. Die Arbeit hört Ihnen nicht zu, lacht nicht mit Ihnen, sie umarmt Sie nicht, wärmt Sie nicht. Am Arbeitsplatz sind Sie ersetzbar, immer. Sollten Sie schon einmal mehrere Monate lang krank gewesen sein, wissen Sie, dass man prinzipiell auch ohne Sie auskommt – ganz gleich, was man Ihnen auch sagen mag, um Sie bei der Stange zu halten. Für Ihre Familie, Ihre Freunde allerdings sind Sie nicht so ohne weiteres ersetzbar.

Wenn Sie vielleicht schon über einen längeren Zeitraum Psychoterror am Arbeitsplatz erfahren, ohne dass Ihnen wirkungsvoll geholfen wird, dann machen Sie sich klar, dass allein Sie sich für Ihr Wohlergehen einsetzen müssen und niemand anderes es für Sie tut. Denken Sie an sich und nicht mehr an das Wohlergehen der Firma, des Arbeitgebers, der Kollegen.

Denken Sie an sich – bedingungslos! Aufgrund der Vorkommnisse am Arbeitsplatz eröffnet sich für Sie eine Erfahrung, die Sie theoretisch jederzeit hätten machen können, wenn Sie sich mit der Grundproblematik auseinander gesetzt hätten. Doch im Allgemeinen ziehen wir der Realität die Illusion vor. Wenn wir in einer Illusion leben, können wir uns in eine Harmonie einhüllen, die uns davor bewahrt, Stellung zu beziehen.

Es ist von den »Liebes«-bekundungen Ihrer Vorgesetzten die Rede, die schlagartig keinerlei Bedeutung mehr haben, wenn Ihre Interessen mit jenen der Firma, für die Sie arbeiten, nicht mehr übereinstimmen. Sie sind und bleiben prinzipiell ein austauschbarer Mitarbeiter, egal, was man Ihnen anderes gesagt hat, wie freundlich und zuvorkommend Sie behandelt werden, wie oft man Sie gelobt hat. Wer schon einmal einer Sitzung beim Arbeitsgericht beigewohnt hat, weiß, wie schnell aus Partnern gnadenlose Gegner werden können, sobald Ziele nicht mehr übereinstimmen. Menschliche Interessen werden unternehmerischen Interessen dann immer untergeordnet.

Um möglichen Missverständnissen vorzubeugen: Loyalität zum Arbeitgeber ist eine wichtige Voraussetzung für gute Zusammenarbeit. Doch sie ist immer zweiseitig. Wer sie einseitig aufkündigt, kann nicht erwarten, dass die andere Seite loyal bleibt. Entweder verausgaben Sie sich weiter für Ihren Arbeitgeber bzw. Ihr Unternehmen und belasten Ihre Psyche und Ihren Körper – was Ihnen im Übrigen niemand danken wird –, oder Sie distanzieren sich in sinnvoller Weise von Ihrer Arbeit und denken ab jetzt an sich.

Strategie Nr. 2: Überdenken Sie Ihre Lebensziele!

Ziel der Strategie:

Diese Anschlussstrategie soll weitere positive Gegengewichte zum Psychoterror am Arbeitsplatz aufbauen.

Grundsätzliche Überlegungen:

Welche Bedeutung hat die Arbeit für Sie? Denken Sie in Ruhe darüber nach. Falls sie Ihnen wichtig ist, warum ist das so? Geht es um Selbstverwirklichung, Selbstbestätigung, Anerkennung, Geldverdienen? Was gibt sie Ihnen? Gibt es Wichtigeres für Sie als die Arbeit, unabhängig davon, dass sie notwendig ist, um den Lebensunterhalt zu bestreiten?

Dass Sie am Arbeitsplatz gemobbt werden, ist schlimm genug. Machen Sie es nicht noch schlimmer, indem Sie unter allen Umständen an diesem Arbeitsplatz festhalten – es sei denn, Sie haben aus Altersgründen keine andere Möglichkeit, als bis zu Ihrer Berentung an dieser Stelle zu bleiben.

Was sind Ihre Lebensziele? Was sind Ihre Interessen? Ist Ihre Antwort »Arbeit«, sollten Sie sich überlegen, ob dies wirklich alles ist, was Sie in Ihrem Leben erreichen wollen. Was waren die Träume Ihrer Jugend? Was können Sie tun, um frühere, aufgegebene Ziele, Vorstellungen, Ideen, wenn schon nicht ganz, dann zumindest teilweise heute zu verwirklichen?

Bedeutet Leben für Sie wirklich lediglich oder schwerpunktmäßig Arbeit? Denken Sie einmal darüber nach. Ziehen Sie eine Lebensbilanz, ganz gleich, ob Sie dreißig, vierzig, fünfzig oder sechzig Jahre alt sind. Relativieren Sie Ihre Ansprüche an die Arbeit, und bauen Sie sich ein intensives Privatleben parallel dazu auf.

Beispiel:
Herr Klausen, 53 Jahre, wird seit vier Jahren von seinem Vorgesetzten gemobbt, ist aber ein verantwortungsvoller Mitarbeiter seiner Firma. Es war und ist ihm sehr wichtig, von den Kollegen anerkannt zu sein, die Arbeit gut zu machen, einen guten Ruf in seiner Firma zu haben. Sein guter Ruf jedoch ist zerstört, seine Arbeitsmoral auf dem Tiefpunkt. Die Firma, in der er seit zwanzig Jahren arbeitet, ist ihm zur zweiten Heimat geworden. Zunehmend unmotiviert geht Herr Klausen zur Arbeit und wird zunehmend ängstlicher. Ein wichtiger Teil seines Lebens ist brüchig geworden.

In der Mobbingberatung lernt Herr Klausen, sein Leben anders zu strukturieren. Er sieht zwar keine andere Möglichkeit, als bis zur Berentung in der Firma zu bleiben, aber er will eine andere Einstellung zu seinem bisherigen Tun gewinnen. Ihm wird bewusst, dass seine psychosomatischen Störungen zu einem gewissen Teil darin begründet sind, dass er die Arbeit und damit sich selbst zu wichtig nimmt. Als es ihm gelingt, seinem Privatleben mehr Sinn abzugewinnen, verbessert sich seine psychische und körperliche Verfassung.

Kommentar:

Es gibt drei mögliche Gegengewichte, die Sie gezielt aufbauen können, um die Arbeitsplatzprobleme in Ihrem Leben und Erleben zu verkleinern. Ein Gegengewicht zur derzeitig ausweglos erscheinenden Situation ist – wie bereits bei der vorigen Strategie ausgeführt –, den Schwerpunkt auf den privaten Bereich zu verlegen, also auf Familie, Freunde, Freizeit und Vergnügen.

Ein weiteres Gegengewicht stellt Ablenkung dar. Nehmen Sie sich in Ihrer Freizeit schöne Dinge vor, und vernachlässigen Sie unter keinen Umständen Ihre Hobbys, falls Sie welche haben. Haben Sie kein Hobby, legen Sie sich eines zu. Sie brauchen Ablenkung. Das löst zwar nicht das vorhandene Problem, aber es kann Ihnen helfen, dem Zwang zum Grübeln zu entgehen bzw. ihn zu verkleinern. Sie müssen in der Freizeit die Arbeitsplatzprobleme konsequent verscheuchen, sobald Sie gewahr werden, dass Sie daran denken. Taucht ein solcher Gedanke auf, denken Sie intensiv an etwas Erfreulicheres oder konzentrieren sich auf Ihre momentane Freizeitaktivität.

Möglicherweise bedeutet es viel Arbeit, immer wieder die quälenden Gedanken aus Ihrem Kopf zu verbannen. Das kann dreißig-, vierzig-, hundertmal am Tag der Fall sein. Doch mit der Zeit werden Sie immer weniger dem Zwang zum Grübeln erliegen.

Das Grübeln führt nicht zur Lösung Ihres Problems. Zumeist kommen ja keine neuen Gedanken, sondern die bekannten wiederholen sich ständig, und damit verstricken Sie sich immer mehr in Ihr Problem. Das Grübeln verschlimmert alles nur. Richten Sie lieber eine Extrazeit – etwa eine halbe Stunde am Tag – allein fürs Grübeln und Nachdenken ein, wenn es nicht anders geht. Die restliche Zeit aber versuchen Sie, Ihren Kopf von diesen lästigen Gedanken zu befreien.

So schwer es Ihnen auch fallen mag: Ablenkungen sind wichtig, wenn es darum geht, sich psychisch zu stabilisieren. Ablenkungen können Ihr ständiges Grübeln wirkungsvoll bekämpfen und Ihnen damit Erleichterung verschaffen. Darüber hinaus sollten Sie sich in gewissen Abständen Auszeiten nehmen und der Arbeit fernbleiben (siehe dazu auch Strategie Nr. 5, S. 144ff.).

Ein drittes Gegengewicht eröffnet sich in der Suche nach einem anderen Arbeitsplatz. Selbst dann, wenn Sie (vorerst) überhaupt nicht die Absicht haben, Ihre bisherige Stelle aufzugeben, hilft Ihnen eine derartige Aktion, sich nicht mehr so sehr der bisherigen Problematik ausgeliefert zu fühlen. Denn nun handeln Sie. Sie orientieren sich neu.

Schreiben Sie Bewerbungen, gehen Sie zu Vorstellungsgesprächen. Sie werden sehen, dass sich ein kleiner, aber wichtiger Hoffnungsschimmer in Ihre bisherigen negativen Gedanken mischt. Allein das Wissen darum, dass eine andere Institution an Ihnen interessiert sein könnte, verringert Ihr bisheriges Hilflosigkeitsgefühl. Und wer weiß, vielleicht wechseln Sie ja doch die Stelle.

Ist das aber – wie bei Herrn Klausen in unserem Beispiel – kaum mehr möglich, müssen Sie sich psychisch soweit gegen die Mobbingattacken immunisieren, dass das Arbeiten für Sie weitestgehend erträglich ist. Doch das ist stark abhängig von folgenden Faktoren: guter Gesundheitszustand, harmonisches Familienleben, positive Lebensereignisse. Häufig muss an diesen Faktoren erst einmal intensiv gearbeitet werden – und dies während man gemobbt wird.

Zu wissen, dass man möglicherweise noch zehn Jahre unter derart widrigen Umständen wird arbeiten müssen, ohne auch nur absehen zu können, was sich der oder die Mobber noch alles einfallen lassen werden, um einen psychisch zu quälen, ist ein hartes Unterfangen. In diesem Fall ist eine Mobbingberatung oder eine Psychotherapie eine enorme Unterstützung.

Strategie Nr. 3: Erkennen Sie Ihren eigenen persönlichen Wert!

Ziel der Strategie:

Machen Sie sich bewusst, dass Sie ein wertvoller Mensch sind, und gewinnen Sie so neues Selbstvertrauen.

Grundsätzliche Überlegungen:

Sie sind Arbeitnehmer. Aber sind Sie nur das? Natürlich nicht. Sie stehen in einem Abhängigkeitsverhältnis zu Ihrem Arbeitgeber. Das geht den meisten Menschen so, das nimmt Ihnen nicht Ihre Würde. Und auch dann, wenn man Sie demütigt und quält, werden Sie dadurch nicht Ihrer Würde beraubt. Es sei denn, Sie lassen sie sich rauben. Allein dadurch, dass Sie an sich und Ihren Wert glauben, treffen Attacken gegen Ihre Person Sie nur äußerlich. Machen Sie sich klar: Sie sind ein unverwechselbarer Mensch mit besonderen Eigenschaften, mit einer individuellen Lebensgeschichte. Sie haben privat und beruflich einiges auf die Beine gestellt.

Es ist schön, wenn andere Sie für Ihr So-Sein wertschätzen. Noch wichtiger ist allerdings, das Sie sich selbst wertschätzen. Lassen Sie sich niemals Ihrer Würde berauben, nur weil man Sie wie einen Niemand, wie ein Ding behandelt. Selbstzweifel verschlimmern die bestehende Problematik nur. Machen Sie sich bewusst, dass nicht Sie die Schuld daran tragen, dass man Sie mobbt, sondern die anderen.

Der französische Schriftsteller und Nobelpreisträger Anatole France sagte einmal: »Wenn 50 Millionen etwas Dummes sagen, dann bleibt es trotzdem eine Dummheit.« Wie wahr! Doch es ist schwer, an sich selbst zu glauben, wenn andere ein böses Spiel mit einem treiben und mit jeder neuen Aktion vermitteln, dass man es nicht anders verdient habe. Wir sollten allerdings daran denken, mit wem man es hier zu tun hat: Mobber müssen andere quälen, weil sie deren Andersartigkeit, deren Kompetenz etc. nicht ertragen können (siehe Kapitel »Die Psyche der Mobber«, S. 81 ff.).

Beispiel:

Herr Sandfeld, 42 Jahre, wird seit zwei Jahren von seinen Kollegen gemobbt und ist in einer sehr desolaten psychischen Verfassung. Er schleicht, wie er selbst es ausdrückt, wie ein geprügelter Hund durch das Haus, in dem er arbeitet. Sein Verhalten provoziert seine Kollegen nur noch mehr, ihn psychisch unter Druck zu setzen. Man lacht ihn aus, er lächelt verlegen und kraftlos. Man beleidigt ihn, er reagiert nicht darauf. Irgendwie fühlt sich Herr Sandfeld schuldig. Er schämt sich seiner »Schwäche«, seiner Ohnmacht. Manchmal schleicht sich bei ihm der Gedanke ein, dass er es womöglich verdient hat, von seinen Kollegen so behandelt zu werden.

Kommentar:
Es ist wichtig, dass Sie sich mit Ihrem Problem auseinander setzen, aber nicht darüber grübeln. Der Unterschied besteht darin, dass Ihre Gedanken sich nicht im Kreis drehen, sondern sich rückwärts und vorwärts bewegen: rückwärts in Bezug auf die Analyse des Vorgefallenen und vorwärts in Bezug auf das Finden von Lösungen. Machen Sie sich darüber hinaus Ihre bisherigen beruflichen und privaten Erfolge bewusst. Sie haben besondere Dinge geleistet, auch wenn man Ihnen das Gegenteil zu suggerieren versucht. Immer dann, wenn Sie sich niedergeschlagen und »würdelos« fühlen, sollten Sie sich daran erinnern.

Es ist das Ziel eines jeden Mobbers, dass Sie an sich selbst verzweifeln, dass Sie sich aufgeben und resignieren und ihm schließlich den Triumph des Sieges über Sie geben.

Vorwärts zu denken bedeutet, den Arbeits- bzw. Berufswechsel zu planen, das private Leben zu intensivieren und/oder den Mobber zu mobben. Sollten Sie sich für den Gegenangriff entscheiden, werden Sie mit den folgenden Angriffs-

Strategien sehr schnell Ihr Selbstbewusstsein zurückgewinnen bzw. es aufbauen, weil Sie aus der Opferrolle heraustreten und die Kämpferrolle übernehmen.

Strategie Nr. 4: Geben Sie den Wunsch auf, rehabilitiert zu werden, wenn niemand daran Interesse hat!

Ziel der Strategie:
Rennen Sie keinem unerfüllbaren Wunschtraum hinterher, denn sonst verbeißen Sie sich nur in eine Illusion und werden Ihres Lebens nicht mehr froh.

Grundsätzliche Überlegungen:
Der Wunsch, rehabilitiert, von den Anschuldigungen und Vorwürfen des Mobbers freigesprochen zu werden, ist eine starke Triebfeder im Handeln von Mobbingopfern. Doch die Wahrscheinlichkeit ist sehr gering, dass es jemals zu einer annähernden Rehabilitation, geschweige denn zu einer vollständigen Rehabilitation kommen wird. Sie müssen lernen, damit zu leben, dass Unwahrheiten und Gerüchte über Sie in Umlauf gebracht wurden und werden.

Beispiel:
Als Herr Groß, 54 Jahre, seit ca. drei Jahren gemobbt, zu mir in die Mobbingberatung kommt, gibt es für ihn nur noch

einen Wunsch: Alle sollen erfahren, dass er unschuldig ist. Sowohl seine Kollegen als auch die Chefetage sollen wissen, dass er ein Opfer von Mobbing geworden ist. Sein Wunsch ist die vollständige Rehabilitierung seiner Person. Dafür kämpft er, und das bereits seit zwei Jahren.

Herr Groß wird an seiner Arbeitsstelle nicht mehr aktiv gemobbt. Er ist versetzt worden und hat eine schlechter bezahlte Tätigkeit annehmen müssen. Der Mobber hat an ihm das Interesse verloren – er hat sein Ziel erreicht. Gelegentlich sind es noch einige Kollegen, die in seiner Gegenwart böse Bemerkungen über ihn machen und es schaffen, Herrn Groß zu emotionalen Ausbrüchen zu veranlassen. Dass es Herrn Groß schließlich gelingt, sich nicht mehr von ihnen provozieren zu lassen, ist für ihn aber nur ein sekundäres Ziel. Primär will er mit mir Strategien erarbeiten, wie er mit der Geschäftsleitung in Kontakt treten kann, um in einem letzten klärenden Gespräch alle gegen ihn erhobenen Vorwürfe zu entkräften. Er ist davon überzeugt, dass ihm dies gelingen wird.

Seine bisherigen Versuche, einen Termin beim Geschäftsführer zu bekommen, sind alle gescheitert. In der Vergangenheit hatte er bereits mehrere Gespräche mit diesem, sie haben aber zu keinem für ihn befriedigenden Ergebnis geführt. Herr Groß ist fest entschlossen, nicht aufzugeben. Er will den Mobber entlarven, vor der ganzen Belegschaft bloßstellen und die Wiedereinsetzung in seine frühere Tätigkeit bei entsprechender Bezahlung erreichen.

Kommentar:
Für fast alle Menschen ist es schwer zu ertragen, dass man sie auf eine falsche Weise wahrnimmt, dass Kollegen und Vorgesetzte glauben bzw. glauben könnten, man sei ein schlechter Mitarbeiter, man habe ein Fehlverhalten oder Schlimmeres begangen. Falls Sie schon einmal Opfer einer über Sie in Umlauf gebrachten Lüge geworden sind, wissen Sie, welche Emotionen derartige Vorfälle in einem auslösen können.

Der Wunsch von Herrn Groß nach Rehabilitation ist verständlich. Wie alle Gemobbten wurde er seiner persönlichen Integrität beraubt. Der Gedanke, dass andere sie unter falschen Voraussetzungen beurteilen, treibt viele Gemobbte in die Verzweiflung. Doch eine in die Welt gesetzte Lüge kann nie wieder aufgehoben werden, selbst dann nicht, wenn sie sich als definitiv falsch erweisen sollte. Mobber wissen ganz genau, was sie tun, wenn sie Gerüchte und Lügen in Umlauf bringen und damit das Leben eines Menschen systematisch zu zerstören versuchen. Der Weg der Rehabilitation ist endgültig versperrt. Ein chinesisches Sprichwort sagt, dass man Milch, die verschüttet wurde, nicht mehr einsammeln kann.

Stellen Sie sich folgende Situation vor: Eine Kollegin von Ihnen behauptet von einer anderen, dass diese Aids-krank sei, ihr Kind verprügele, ein Verhältnis mit dem Chef habe. Die Kollegin, die davon hört, streitet dies empört ab. Sie versichert Ihnen, alles sei Lüge. Sie mögen diese Kollegin sehr und sind geneigt, ihr zu glauben. Aber können Sie sich wirklich sicher sein? Kann man einen Menschen so gut kennen, dass man für ihn unter allen Umständen die Hand ins Feuer legen würde? Je mehr Ihre Kollegin sich verteidigt, desto unsicherer werden Sie.

Mir selbst berichtete eine Berufskollegin in diesem Zusammenhang folgende Begebenheit: Eine Klientin erzählte ihr, dass ihr Ehemann, mit dem sie seit fast zwölf Jahren verheiratet war, eines Nachts zu Hause von der Polizei festgenommen worden sei. Er wurde wegen Drogenhandels angeklagt und später rechtskräftig verurteilt. Die Ehefrau hatte davon nicht das Geringste gewusst. Ihr Mann sei als Handelsvertreter ständig auf Reisen gewesen, sagte sie zu ihrer Verteidigung.

Diese Frau war nicht naiv. Sie hatte lediglich ihrem Mann vertraut, und dieser war in all den Ehejahren so geschickt gewesen, dass sie keinen Verdacht geschöpft hatte. Zunächst hatte die Polizei nicht an die Unschuld der Ehefrau geglaubt, aber hatte schließlich doch den Verdacht der Mittäterschaft gegen sie fallen lassen müssen.

Es ist unmöglich, einen Menschen völlig zu durchschauen. Was würden Sie der Kollegin aus obigem Beispiel sagen? Wahrscheinlich, dass Sie ihr glauben. Möglicherweise sagen Sie das auch nur, um sie zu beruhigen, denn Sie können ja nicht wissen, ob sie nicht doch Aids-krank ist, ihr Kind prügelt und mit dem Chef ein Verhältnis hat. Selbst wenn sie einen Aids-Test vorweist, das Kind einen fröhlichen Eindruck macht und der Chef das Verhältnis dementiert, könnte der Arzt vielleicht nur ein Gefälligkeitsschreiben aufgesetzt, das Kind aus Angst vor weiteren Schlägen geschauspielert und der Chef verständlicherweise gelogen haben. Ein Rest Zweifel bleibt immer.

Gehören Sie zu jenen Menschen, die mit einem falschen Makel nicht leben können, so hält der Mobber eine wunderbare Waffe gegen Sie in der Hand. Nun kennt er Ihre schwache Seite und wird Gerücht auf Gerücht, Lüge auf Lüge in die Welt setzen und wissen, dass er Sie mit jeder einzelnen Aktion bis ins Mark trifft. Je entschiedener Sie dementieren, desto verdächtiger machen Sie sich. Ihr emotionales Engagement ist nicht unbedingt ein Zeichen Ihrer Unschuld.

Das Beste, was Ihnen passieren kann, ist, dass die Zeit die Wunden, die man Ihnen zugefügt hat, heilt, dass die Kollegen die Anschuldigungen »vergessen« bzw. nicht mehr darüber sprechen. Das bedeutet allerdings, dass Sie – ob Sie es nun wollen oder nicht – mit der schmerzlichen Erkenntnis werden leben müssen, dass andere Sie für einen unqualifizierten Mitarbeiter, einen Lügner, einen Betrüger halten, ohne dass Sie das Mindeste daran ändern könnten.

Beharren Sie also nicht auf einer vollständigen Rehabilitation, unter Umständen nicht einmal auf einer teilweisen Rehabilitation. Erwarten Sie nicht das Unmögliche. Sie halten durch ein solches Ansinnen nur ein Wasser am Kochen, das sich besser abkühlen sollte, um dann nicht mehr beachtet zu werden – es sei denn, es folgt Anschuldigung auf Anschuldigung, sodass Sie gezwungen sind, sich zu verteidigen. Konzentrieren Sie sich auf das Erreichbare und wirklich Wichtige, etwa den Erhalt Ihres Arbeitsplatzes, das Anstreben einer für Sie akzeptablen Abfindung, die Gegenmobbing-Strategien.

Rennen Sie unerfüllbaren Zielen hinterher, wird dies früher oder später Ihr Urteilsvermögen entscheidend trüben und Sie dazu verleiten, Fehler auf Fehler im Umgang mit dem Mobber, den Kollegen, den Vorgesetzten zu machen. Wie besessen betreiben Sie dann irgendwann Ihre Rehabilitation, ohne ihr auch nur einen Schritt näher zu kommen. Damit gewinnt nur einer: der Mobber. In den Augen der anderen machen Sie sich mit Ihrer Besessenheit nicht nur verdächtig, man dichtet Ihnen auch Eigenschaften an, die viele Mobbingopfer dann zeigen: Sturheit, Rechthaberei, Aufdringlichkeit. Damit machen Sie sich letztlich nur lächerlich und ernten vielleicht irgendwann Mitleid von den Kollegen. Hilfreich ist der unbedingte Rehabilitationswunsch nicht, weil er das Problem nicht lösen, sondern eigentlich nur verschlimmern kann.

Strategie Nr. 5: Nehmen Sie sich eine Auszeit, wann immer Sie eine solche benötigen!

Ziel der Strategie:

Erhalten Sie Ihre psychische und physische Widerstandskraft bzw. stellen Sie sie wieder her.

Grundsätzliche Überlegungen:

Es gehört eine gewisse Überwindung dazu, vorübergehend das Feld zu räumen und in den Krankenstand zu gehen. Aber bedenken Sie eines: Nur weil Sie (noch) keine körperlichen Symptome zeigen, heißt das noch lange nicht, dass Sie nicht dringend einer Erholungspause bedürfen. Psychischer Stress ist genauso gesundheitsschädlich wie ein grippaler Infekt, beides muss auskuriert werden.

Die Schlussfolgerung, dass Sie durch Ihr Fehlen nicht mehr mitbekommen, was man an Ihrer Arbeitsstelle gegen Sie unternimmt, und Sie sich deshalb keine Auszeit nehmen können, ist falsch. Denn ob Sie nun an- oder abwesend sind, ändern können Sie an den Aktionen Ihrer Gegner in der Regel sowieso nichts. Ganz abgesehen davon, dass eine Auszeit Ihnen die Möglichkeit gibt, wieder Kräfte zu sammeln (siehe dazu auch Strategien Nr. 1 und 2, S. 126 ff. bzw. S. 132 ff.).

Die Auszeit ist allerdings wirkungslos, wenn Sie sich innerlich nicht vom Mobbing distanzieren können. Es ist nicht leicht, eher sogar unwahrscheinlich, dass Ihnen dieses Vorhaben innerhalb der ersten Auszeiten gelingen wird. Deshalb ist es auch nicht mit ein, zwei Auszeiten getan. Das bedeutet, dass Ihnen die Arbeit weniger wichtig sein muss als Ihre Privatsphäre, Ihre Gesundheit. Das allein schon stellt für nicht wenige Menschen ein großes Problem dar, weil sie es gewohnt sind, ihrer Arbeit regelmäßig nachzugehen und die ihnen übertragenen Aufgaben gewissenhaft zu erfüllen. Sich selber wichtiger zu nehmen als die Arbeit, ist für manche ein sehr schwieriger, aber dennoch unerlässlicher Schritt auf dem Weg zu einer aktiven Gegenwehr (siehe dazu auch Strategien Nr. 1 und 2, S. 126 ff. bzw. S. 132 ff.).

Beispiel:

Herr Keller, 48 Jahre, wird seit drei Jahren gemobbt und tut sich schwer damit, in den Krankenstand zu gehen, obwohl er bereits seit längerem auch körperliche Symptome zeigt. Endlich gelingt es seiner Frau, ihn dazu zu überreden, sich krankschreiben zu lassen. Die erste Woche ist für Herrn Keller fast unerträglich. Es scheint ihm schlechter zu gehen als zuvor. Ständig grübelt er über seine Probleme. In der zweiten Woche fühlt er sich langsam etwas ruhiger. Aber schon in der dritten Woche, die für ihn die letzte Woche der Krankschreibung sein soll, denkt er wieder fast jeden Tag an die Arbeit. Herr Keller beschließt, sich in Zukunft nicht mehr krankschreiben zu lassen, weil die Auszeit ihm nichts bringt. Und er hat Recht.

Während der Mobbingberatung lässt sich Herr Keller allerdings noch einmal darauf ein, sich für einen längeren Zeitraum krankschreiben zu lassen. Die Zeit wird jedoch mit Freizeitaktivitäten, Beratungsstunden und Vorbereitungen für ein aktives Gegenmobbing ausgefüllt. Langsam schöpft Herr Keller wieder Mut. Seitdem genießt er seine Auszeiten, die er sich nimmt, sobald er sie benötigt.

Kommentar:

Wenn Sie während der Auszeit nur auf den Tag warten, an dem Sie wieder arbeiten werden, dann hat sie keinen Erholungseffekt. Deshalb ist es wichtig, diese Zeit dafür zu nutzen, sich körperlich und psychisch zu regenerieren, die ersten beiden Strategien zu befolgen und zu überlegen, wie Sie dem Mobber bzw. den Mobbern das Handwerk legen können.

Es kann nicht oft genug betont werden: Es geht um Sie. Und nur darum. Nicht, dass Sie Ihre Arbeit ordentlich erledigen oder was andere über Sie denken oder sich hinter vorgehaltener Hand über Sie zuflüstern, ist wichtig. Wichtig ist allein, dass Sie sich selbst wichtig nehmen und die richtigen Prioritäten setzen.

Warum die Arbeit wichtiger nehmen als sich selbst? Nur um – etwas überspitzt formuliert – irgendwann einmal einen Blumenstrauß, eine Uhr, eine Urkunde in Händen zu halten, bevor man Sie in Rente schickt – und Sie dann vergisst? Ist dies es wert, dass man heroisch am Arbeitsplatz aushält, sich mit zusammengebissenen Zähnen quälen lässt? Nur, um sich nichts nachsagen zu lassen? Oder um loyal zu sein? Entscheiden Sie selbst!

Die Angriffs-Strategien

Strategie Nr. 6: Lassen Sie sich niemals von Angst oder Hass überwältigen!

Ziel der (Defensiv-)Strategie:
Schaffen Sie optimale Voraussetzungen für die Auseinandersetzung mit dem Mobber. Erlangen Sie Kontrolle über Sie beeinträchtigende Gefühle, um zielgerichtet handeln zu können.

Grundsätzliche Überlegungen:
Angst, Wut und Hass sind schlechte Ratgeber. Wie Sie vom PASSAGE-Prinzip wissen, machen diese Gefühle Sie nur anfällig für weitere Attacken des Mobbers. Aufgrund der starken Emotionen werden Sie in Ihrem Denken, Fühlen und Handeln zunehmend unkonzentrierter und machen fast zwangsläufig Fehler bei der Arbeit, was im Übrigen natürlich völlig der Absicht des Mobbers entspricht.

Angst, Wut, Hass, ob nun dauerhaft oder phasenweise auftretend, sind ganz natürliche und verständliche Reaktionen. Schließlich versucht ein Mensch Ihnen zu schaden, und eine solche Erfahrung – insbesondere wenn man sie zum ersten Mal macht – setzt derartige Gefühle frei.

Bei jeder Ihrer Auseinandersetzungen mit dem Mobber ist es wichtig zu beachten, dass Sie Ihre Gefühle unter Kontrolle haben und das durchhalten. Selbst in Situationen, in denen Sie im wahrsten Sinn des Wortes »schäumen könnten vor Wut«, müssen Sie sich beherrschen lernen (siehe dazu auch Strategie Nr. 11, S. 174 ff.). Gefühle werden Ihnen nur als Schwäche ausgelegt.

Zeigen Sie Wut, Hass, Angst, Verzweiflung, so kann ein Mobber dies als ein Zeichen dafür deuten, dass er Sie genau dahin treiben kann, wo er Sie haben will: zur Kündigung, zur Versetzung, in den »Wahnsinn«, in den Selbstmord. Er fühlt sich in der besseren Position und ist das in diesem Fall auch. Versuchen Sie also, dem Mobber gegenüber stets höflich zu sein.

Auch Kollegen könnten mit der Zeit dazu übergehen, sich

beispielsweise über Ihre Wut, Ihren Hass zu amüsieren oder dies einfach nur noch lächerlich zu finden. In den Augen der anderen sind Sie lediglich ein schwacher Mensch. Davon einmal abgesehen, können Sie mit Hass im Herzen keine geeigneten Gegenstrategien entwickeln, geschweige denn diese zielgerichtet anwenden. Seinen Hass unter Kontrolle zu halten ist nicht immer leicht. Die nachfolgenden Fragen können Sie darin unterstützen, etwas über Ihren Hass und über andere Sie beeinträchtigende Gefühle zu erfahren. Was liegt Ihrem Hass, Ihrer Angst, Ihrer Ohnmacht bzw. Hilflosigkeit zugrunde? Kommen Sie dem auf die Spur!

- Empfinden Sie Angst, müssen Sie sich klar machen, wovor Sie Angst haben. Ist es Angst vor der Zukunft? Sehen Sie sich bereits als arbeits- oder gar obdachlos ohne jede Chance auf ein besseres Leben? Ist es Angst vor dem Mobber, weil Sie sich ihm gegenüber unterlegen und hilflos fühlen? Ist es die Angst davor, dass man Sie als Menschen, als Mitarbeiter falsch einschätzt? Ist es die Angst vor Konfrontation im Allgemeinen?

- Liegt Ihre Wut, Ihr Hass darin begründet, dass Sie keine Möglichkeiten mehr sehen, sich effektiv zu wehren? Glauben Sie, der Mobber ist Ihnen prinzipiell überlegen? Welche anderen Gründe für Ihren Hass gegenüber dem Mobber fallen Ihnen noch ein?

Beispiel:

Frau Los, 39 Jahre, seit knapp einem Jahr von ihrer Vorgesetzten gemobbt, reagiert in den Situationen, in denen sie von einer Unterstellung, einer Intrige hört, zunächst vor ihren Kollegen mit emotionalen Ausbrüchen. Sie rennt dann in das Büro ihrer Vorgesetzten und beschwert sich. Sie zittert geradezu vor Wut und weist die Vorwürfe in gesteigerter Lautstärke von sich. Auch bei den nächsthöheren Vorgesetzten hat Sie sich kaum unter Kontrolle. Dort weint sie.

Bei einem »klärenden« Gespräch zwischen ihr, ihrer Vorgesetzten und dem Geschäftsführer kann sie sich kaum beherrschen, wenn ihre Vorgesetzte Lügen über sie verbreitet. Sie lässt ihre Vorgesetzte nicht ausreden, schreit während des Gesprächs Sätze heraus wie: »Das ist doch alles nicht wahr!«, »Sehen Sie nur, was sie mit mir macht!«. Das Gespräch muss schließlich abgebrochen werden, weil die ständigen Zwischenrufe von Frau Los eine Weiterführung unmöglich machen.

Kommentar:

Denken Sie nicht, dass das Zeigen von Gefühlen Ihre Unschuldsbeteuerungen glaubhafter macht. Sie führen lediglich dazu, dass Sie nicht überzeugend wirken, einen überspannten Eindruck machen, als eine Person gelten, die sich nicht unter Kontrolle hat. Wer schreit, hat Unrecht, so die – falsche – Folgerung. Tatsache ist aber: Wer schreit, zeigt seine Ohnmacht, seine Hilflosigkeit und vielleicht – dies könnten immerhin manche Beobachter annehmen – auch seine

Schuld, die durch das Demonstrieren von starken Emotionen verdeckt werden soll.

Vor allen Dingen aber führen starke Gefühle dazu, dass Sie den Kopf verlieren und dem Mobber dadurch einen klaren Vorteil verschaffen. Was will er denn mehr, als dass Sie sich emotional verausgaben, sich immer mehr in Ihre Angst, Ihre Wut, die eine ohnmächtige ist, hineinsteigern? So kann er Sie viel leichter kontrollieren und die Erfolge seiner Aktionen in Ihrem Gesicht ablesen. Darüber hinaus wird es ihm Freude machen zu erleben, wie Sie außer sich geraten.

Nur wenn Sie Kontrolle über Ihr Verhalten erringen, können Sie zu einem ernst zu nehmenden Gegner für den Mobber werden. Wenn Sie das wollen, haben Sie keine andere Wahl, als Selbstbeherrschung zu zeigen (siehe dazu auch Strategie Nr. 11, S. 174 ff.). Es wird Ihnen gelingen, Ihre Gefühle unter Kontrolle zu halten und Haltung zu bewahren, wenn Sie die Strategien Nr. 6 und 7 (s. S. 147 ff. bzw. 151 ff.) befolgen.

Strategie Nr. 7:
Machen Sie sich bewusst, dass Sie im Kampf gegen den Mobber auf sich allein gestellt sind!

Ziel der (Defensiv-)Strategie:

Befreien Sie sich von der Illusion, dass Ihnen jemand zu Hilfe kommt. Es kämpft sich besser, wenn die Fronten klar sind und Sie wissen, dass Sie sich nur auf sich selbst verlassen können.

Grundsätzliche Überlegungen:

Ein Gemobbter muss sich früher oder später über Folgendes klar werden: Je länger das Mobbing andauert, desto einsamer wird er an seinem Arbeitsplatz werden. Es ist nur eine Frage der Zeit, bis sich die Kollegen von dem Gemobbten zurückziehen.

Die Erfahrung, alleine zu sein, ist eine der schlimmsten, die man machen kann. Und doch ist sie eine Alltagserfahrung, würde man sie nicht ständig verleugnen. Entweder man verzweifelt daran und geht schließlich an ihr zugrunde oder aber man wächst über sich hinaus.

Es gibt keinen rettenden Engel. Kollegen ziehen sich zurück, weil sie Angst haben, selbst Mobbingopfer zu werden. Dies kann ihnen letztlich niemand übel nehmen. Kollegen ziehen sich aber auch aus Feigheit zurück, weil ihnen Zivilcourage und ein soziales Gewissen fehlen. Dies kann man ihnen schon eher übel nehmen. An der Tatsache, dass man allein auf sich gestellt ist, ändert es aber nichts.

Gemobbt werden kann nur dort, wo andere es zulassen. Würden sich – und dies ist leider reine Theorie – alle Mitarbeiter gegen einen mobbenden Vorgesetzten oder Kollegen einig sein, wäre seinem Verhalten schnell ein Ende gesetzt. Doch viele Kollegen sind gleichgültig, sie denken nur an sich selbst und sind vom Schicksal eines anderen nicht berührt. Auch ist es so, dass selbst das dramatischste Ereignis, die interessanteste Sensation durch Wiederholung banal wird. Zwar ist für das Mobbingopfer die Situation dramatisch und tragisch wie am ersten Tag, doch die Kollegen sehen das anders: Sie möchten irgendwann einfach nur noch in Ruhe gelassen werden.

Aus der Position des Gemobbten oder aus der Position eines Außenstehenden ist es leicht zu sagen, dass man selbst es niemals zulassen würde, wenn ein Kollege gemobbt wird. Aus der Sozialpsychologie ist bekannt, dass Menschen sich häufig der Meinung bzw. dem Handeln anderer anschließen, statt die eigene Auffassung konsequent zu vertreten. Deshalb ist es schwierig, den »ersten Stein zu werfen«. Verurteilen Sie Ihre Kollegen nicht zu sehr, wenn diese Sie Ihrer Meinung nach im Stich lassen. Machen Sie sich stattdessen lieber den Satz des chinesischen Philosophen Konfuzius zu eigen: »Fordere viel von dir selbst und erwarte wenig von den anderen!«

Befreien Sie sich von der Illusion, dass Ihnen jemand auf Dauer zur Seite steht und nicht früher oder später aus taktischen Gründen einen Rückzieher macht. Wie drückte es mein ehemaliger Verwaltungsleiter sinngemäß aus, als ich ihn um Hilfe bat: »Ich weiß nicht, wer von Ihnen beiden Recht hat!« Natürlich konnte er es nicht wissen, es hat ihn aber auch nicht interessiert. Dieses Argument hat häufig nur den Zweck, sich aus allem heraushalten zu können – aus Angst, aus Feigheit, aus Gleichgültigkeit.

Bietet Ihnen ein Kollege oder ein Vorgesetzter seine Unterstützung an, so sollten Sie diese annehmen, wenn Sie der Auffassung sind, dass die Hilfe ehrlich gemeint ist. Gemobbte laufen Gefahr, überall nur Gegner zu sehen und so eine »berufsbedingte« Paranoia zu entwickeln. Trotzdem ist es wichtig zu wissen, dass nicht jeder, der freundlich und hilfsbereit erscheint, dies auch ist.

Hinzu kommt, dass Sie – sofern Sie sich für das Gegenmobbing entscheiden – niemals andere ins Vertrauen ziehen sollten. Bei all Ihren Aktionen sollten Sie keine Mitwisser haben, die Ihnen vielleicht einmal in den Rücken fallen könnten, auch wenn es aufgrund Ihrer aktuellen Einschätzung einer Person niemals dazu kommen würde. Die Zeit verändert einen Menschen, vergessen Sie das nie. Lassen Sie sich unter keinen Umständen erpressbar machen.

Dass Sie sich bewusst darüber sein sollten, mit Ihrem Mobbingproblem alleine zu sein, bedeutet nicht, dass damit automatisch auch Ihr Partner, Ihre Familie, Ihre Freunde gemeint sind. Aber auch deren Fähigkeit zum Mitfühlen, Mittragen ist natürlicherweise begrenzt. Einen positiven, wenn auch wenig tröstlichen Effekt im Negativen hat es, wenn so genannte Freunde sich zurückziehen. Sie können nun die Spreu vom Weizen trennen, denn jetzt wissen Sie, wer auch in Krisenzeiten zu Ihnen hält und wer nicht.

Für den Partner und für Freunde ist es nicht eben leicht, Sie in Ihrem Mobbingproblem immer zu unterstützen. Stellen Sie sich vor, Sie würden jemanden kennen, der unentwegt mit Ihnen über sein Problem reden möchte und sich in seiner Argumentation mehr oder weniger im Kreise dreht. Irgendwann können Sie nicht mehr. Daher: So problematisch Ihre Situation auch sein mag, belasten Sie Ihr privates Umfeld nicht allzu sehr. Es kommt vor, dass Partner den Gemobbten verlassen, weil dieser so sehr in seine Situation verstrickt ist, dass ein Zusammenleben mit ihm nicht mehr möglich erscheint.

Denken Sie an die Schutz-Strategien. Sie ermöglichen Ihnen, dass Mobbing für Sie nicht ein ständig präsentes Lebensereignis ist.

Beispiel:

Herr Legewies, 43 Jahre, verheiratet, zwei Kinder, wird seit anderthalb Jahren von seinen Kollegen gemobbt. Seit einem halben Jahr redet er zu Hause von nichts anderem mehr. Wenn er und seine Frau bei Freunden eingeladen sind, führen die Gespräche früher oder später zu seinem Problem. Herr Legewies erzählt ständig das Gleiche. Zwar berichtet er immer wieder von neuen Vorkommnissen, doch stets endet der Bericht in einem Strudel von Klagen, Verzweiflung, Hass, undurchführbaren Rechtfertigungsaktionen. Seine Frau und seine Freunde, die Herrn Legewies im Übrigen sehr verbunden sind, können es nicht mehr hören und kaum noch ertragen.

Seine Frau ist psychisch am Ende. Eines Abends schreit sie ihn an, er solle endlich aufhören, sie mit seinen Problemen zu belasten. Herr Legewies ist wie vor den Kopf gestoßen. Er versteht die Welt nicht mehr. Ein Streit entbrennt, und dabei sagt ihm seine Frau, dass sie verstehen könne, dass seine Kollegen ihn mobben. Er sei wirklich unerträglich. Herr Legewies redet mit seiner Frau mehrere Tage kein Wort mehr. Er ist verbittert. Obwohl sie sich bei ihm entschuldigt und ihm klar zu machen versucht, dass sie selbst mit den Nerven am

Ende ist, nimmt Herr Legewies ihre Entschuldigung nicht an.

Der Druck am Arbeitsplatz, die Situation zu Hause rauben Herrn Legewies die letzten Kräfte. Er bricht am Arbeitsplatz zusammen und wird ins Krankenhaus gebracht.

Kommentar:
Die Eskalation im Berufsleben kann zu einer Eskalation im Privatleben führen. Es ist wie beim Domino-Effekt: Sie tippen einen Stein an, und alle anderen fallen mit um. Aufgrund der psychischen Anspannung kommt früher oder später der Zeitpunkt, an dem auch andere Lebensbereiche in Mitleidenschaft gezogen werden. Hinzu kommen der psychische und der körperliche Abbau. Schließlich beeinflussen diese Faktoren sich gegenseitig und potenzieren die Problematik. Das einstmals »isolierte« Mobbingproblem wird zum Lebensproblem.

Bei Herrn Legewies führte dies dazu, dass er aufgrund seiner psychischen Verfassung nicht dazu in der Lage war, sich in seine Frau hineinzuversetzen. Für sie wurde es zu viel, während Herr Legewies das Erzählen seiner Mobbingerfahrungen als befreiend erlebte. Zwar fühlte er sich nicht wirklich erleichtert – das Erzählen wühlte ihn innerlich derart auf, dass er danach noch aufgeregter war –, aber er musste fast zwanghaft darüber reden.

Durch Mobbingberatung lernte Herr Legewies innerhalb von einigen Wochen, seine Frau und auch seine Freunde nicht ständig mit seinen Problemen zu belasten. Dies führte fast unmittelbar zu einer Verbesserung der Beziehungen. Das wiederum half ihm, sich die Schutz-Strategien zu Eigen zu machen und sich schließlich gegen die Mobber zur Wehr zu setzen.

Strategie Nr. 8: Sichern Sie sich bei allem, was Sie tun, ab!

Ziel der (Defensiv-)Strategie:

Geben Sie sich keine Blöße. Keine Ihrer Aktionen darf Ihnen zum Nachteil gereichen.

Grundsätzliche Überlegungen:

Mobber versuchen, Ihnen Fehlverhalten in jeder Form nachzuweisen, um Sie permanent psychisch unter Druck setzen zu können und ausreichend viel Material zu haben, das dann zu einer Abmahnung und schließlich zur Kündigung führt.

Die Zeiten, in denen Sie Ihre Arbeit mehr oder weniger unbeschwert erledigen konnten, sind vorbei. Sie müssen sich nun, bei allem, was Sie tun, absichern.

Beispiel:

Als meine Vorgesetzte mich mobbte, war u. a. ihr Ziel, auf jede nur erdenkliche Art zu beweisen, dass ich ein unzuverlässiger Mitarbeiter sei. Sie überprüfte meine Stechkarte, ob ich mir möglicherweise mehr Freistunden aufgeschrieben hatte, als rechnerisch richtig war. Auch jeder Außentermin konnte für private Erledigungen genutzt worden und nicht ausschließlich beruflich begründet gewesen sein. Ich wurde zu Gesprächen gerufen, in denen es um drei Minuten ging, die ich auf der Stechkarte falsch ausgerechnet hatte.

Kommentar:
Einem Mobber ist in seinem Tun nichts zu erbärmlich. Er versucht alles, um Sie zur Strecke zu bringen. Deshalb ist es so wichtig, dass Sie so korrekt arbeiten wie noch nie in Ihrem Leben. Alles muss nachweisbar sein. Machen Sie sich am besten einen Tageskalender, in dem Sie Tag für Tag alle Ihre beruflichen Aktivitäten mit Stundenzahl eintragen. So kann Ihnen niemand ohne weiteres vorwerfen, Sie wären Ihrer Arbeit nicht nachgegangen.

Stellen Sie sich folgende Situation vor: Man wirft Ihnen eines Tages vor, dass Sie vor zwei Wochen statt Ihre Arbeit zu machen eine Pause eingelegt oder sich mit privaten Dingen beschäftigt hätten. In der Regel können Sie sich nicht mehr genau daran erinnern, was Sie vor zwei Wochen getan haben. Wie sollten Sie auch, schließlich führen Sie nicht Buch über Ihre Tätigkeiten. Folglich stammeln Sie etwas vor sich hin, versuchen sich zu erinnern. Alles, was Sie sagen, hat etwas Ungenaues, Unpräzises – und damit Verdächtiges. Haben Sie hingegen alle Ihre Tätigkeiten mit Dauer und Datum notiert, können Sie souverän kontern. Dies habe ich selbst in einem Gespräch mit der Leitung des Amtes und meiner Vorgesetzten erlebt. Ich konnte auf meinen Tageskalender zurückgreifen und sagen, was ich an diesem und jenem Tag getan und wie lange die jeweilige Tätigkeit gedauert hatte. Derartige Vorwürfe kamen daraufhin nie mehr vor. Sie sehen daran, wie wichtig eine gute Dokumentation sein kann, auch wenn diese sehr lästig und aufwändig ist. Es geht um Ihre persönliche Absicherung.

Sich absichern geschieht auf zweierlei Weise. Neben der gerade geschilderten Absicherung ist es wichtig, dass Sie natürlich auch Ihre Gegenmobbing-Aktionen absichern. Sie dürfen weder Mitwisser noch Zeugen für Ihre Aktivitäten haben, sonst kommt es zu dem auf Seite 119 ff. erläuterten Bumerang-Effekt. Denken Sie an das dort angeführte Beispiel, in dem Frau Berger spontan die Gunst der Stunde nutzte, um Papiere vom Schreibtisch ihrer Vorgesetzten verschwinden zu lassen, dabei aber ihre Sicherheit gefährdete, weil sie beobachtet wurde.

Handeln Sie deshalb nie spontan, es sei denn, es gibt wirklich keinerlei Zeugen. Besser ist es jedoch, jeden Zug, den Sie machen, genauestens zu planen und die Nah- und Fernwirkungen Ihrer Handlungen sowie die möglichen Reaktionen darauf zu bedenken. Sich abzusichern ist eine äußerst wichtige Strategie. Sie stellt die Basis für alle weiteren Aktivitäten dar. Ein Fehler, und der Mobber hat gewonnen.

Halten Sie sich stets vor Augen, was der Mobber tut. Im Allgemeinen agiert er im Verborgenen. Er verbreitet über Sie Gerüchte, mehr oder weniger offen, je nach seiner Position. Ein Vorgesetzter kann sich erlauben, offener gegen Sie vorzugehen. Kollegen werden es jedoch eher heimlich tun. Heimliches Vorgehen heißt dabei nicht unbedingt, dass Sie nicht wissen, woher die Angriffe gegen Sie kommen. Es heißt lediglich, dass das Mobbing in den meisten Fällen kaum beweisbar ist.

Sich bei allem, was man tut, abzusichern, ist anstrengend und auf Dauer ermüdend, dennoch ist es unerlässlich. Wollen Sie zum Gegenangriff übergehen, müssen Sie lernen, im Geheimen zu agieren.

Strategie Nr. 9: Analysieren Sie die Persönlichkeitsstruktur Ihres Gegners, und nutzen Sie gezielt dessen Schwächen!

Ziel der (Offensiv-)Strategie:

Verstehen Sie, warum der Mobber Sie mobbt, und nutzen Sie Ihr daraus gewonnenes Wissen, um nun selbst zum Angriff überzugehen.

Grundsätzliche Überlegungen:

Wie Sie bereits im Kapitel »Die Psyche der Mobber« (s. S. 81 ff.) erfahren haben, ähneln sich Mobber in ihrem Denken und Fühlen auf frappante Weise, trotz ihrer individuellen Unterschiede. Hauptsächlich besteht bei ihnen eine massive Selbstwertproblematik, die sich mit folgenden Faktoren verbindet:

- Allgemeine menschliche Schwächen (Neid, Eifersucht, Geltungssucht)
- Übersteigertes Kontrollbedürfnis (Perfektionismus)

- Machtgier (Herrschsucht, Unterdrückungsbedürfnis)
- Aggressivität (Angst, Ärger, Wut, Hass)
- Übertragung (Antipathie, Abneigung, Hass)

Alle hier aufgeführten Faktoren können miteinander kombiniert sein und damit ihre Wirkungsweise potenzieren. Der Mobber wird so zu einer Person, die erbarmungslos agiert, um die eigenen Bedürfnisse durchzusetzen.

Jeder Mensch hat die eine oder andere Schwäche. Beim Mobber geht es, wie bereits erwähnt, vor allem um Unsicherheit. Gelingt es Ihnen, seine Schwäche oder Schwächen genauer zu verstehen, haben Sie hervorragende Ansatzpunkte, um die nachfolgenden Offensivstrategien (Strategie Nr. 10 bis 18 bzw. 20) wirkungsvoll umzusetzen.

Zunächst ist es wichtig, dass Sie sich darüber Gedanken machen, warum der Mobber so handelt, wie er handelt. Ziehen Sie dabei obige Faktoren zu Rate. Gehen Sie wie folgt vor (werden Sie von mehreren Personen gemobbt, sollten Sie die Analyse für jeden Einzelnen durchführen):

Phase 1: Beobachtung

Beobachten Sie den Mobber, wie er sich Ihnen und anderen gegenüber verhält. So können Sie wertvolle Informationen über die Persönlichkeit Ihres Gegners gewinnen. Stellen Sie sich z. B. folgende Fragen: Was ist ihm wichtig (privat, beruflich)? Zeigt er eine Schwäche (Eitelkeit, Machtgier, Geltungssucht, Minderwertigkeit, Geschwätzigkeit, Größenwahn, Arbeitssucht, Perfektionismus etc.)? Versuchen Sie, mehr über den Mobber in Erfahrung zu bringen – über seine Vergangenheit, was andere über ihn denken … Lassen Sie sich, wenn möglich, etwas über ihn erzählen.

Welchen Arbeitsrhythmus hat der Mobber? Was verunsichert ihn? Wovor hat er Angst? In welchen Situationen fühlt er sich wohl bzw. unwohl?

Nicht alle Informationen müssen sich konkret in Gegenmobbing-Handlungen umsetzen lassen. Im Allgemeinen reichen schon einige wenige Informationen aus, um effektiv agieren zu können. Machen Sie eine Liste der Eigenschaften, die Sie über den Mobber herausgefunden haben, und begründen Sie für sich oder gegenüber einer Ihnen vertrauten Person (außerhalb Ihres Arbeitsumfeldes!) Ihre diesbezüglichen Entscheidungen (siehe Phase 2).

Phase 2: Vorbereitung des Gegenschlags

Überlegen Sie nun gezielt, wie Sie anhand Ihres gesammelten Wissens über den Mobber einen Gegenschlag vorbereiten können. Gibt es mehrere Schwachstellen in seiner Persönlichkeitsstruktur, so wählen Sie zunächst jene aus, von der Sie meinen, dass sie am erfolgreichsten angegriffen werden kann. Vernachlässigen Sie allerdings nicht die anderen Schwachstellen. Sie können den Mobber gleichzeitig auf verschiedenen Ebenen mit verschiedenen Strategien angreifen oder dies nacheinander tun, indem Sie ihn gezielt über mehrere Wochen unter Dauerstress setzen. Doch achten Sie darauf, dass Sie Ihr Pulver nicht zu schnell verschießen und sich der Mobber wieder erholt.

Sie sollten den Mobber ohne Unterlass attackieren. Ich selbst habe mir immer neue Variationen ausgedacht, um meine Vorgesetzte psychisch unter Druck zu setzen.

Beispiele:

Beispiel 1:
Als ich damit begann, meine Chefin, Frau Mustermann, systematisch zu beobachten, fiel mir zunächst nicht sehr viel an ihr auf. Sie arbeitete intensiv. Pausen machte sie so gut wie keine. Wie ich erfuhr, machte sie viele Überstunden, arbeitete auch zu Hause, an Wochenenden, im Urlaub. Es drängte sich die Frage auf, warum ein Mensch so viel Wert auf die Arbeit legt, dass er sich selbst dabei vernachlässigt. Das musste demnach einen Grund haben.

Frau Mustermann war jemand, der sich über die Arbeit Anerkennung holte. Sie brauchte Bestätigung, das Wissen, dass andere wussten, wie gut sie zu arbeiten verstand. Sie versuchte beispielsweise, neue Stellen für ihren Dienst einzurichten (ABM-Stellen, Stellen für Zivildienstleistende etc.). Sie genoss es, viele Untergebene zu haben, und versuchte auch, andere Stellen des Amtes in ihren Dienst zu integrieren. Ich schloss daraus, dass es wichtig für sie war, dass man sie als eine mächtige Person wahrnahm. Dazu passte, dass sie mit Widerspruch und Kritik sehr schlecht umgehen konnte. Das beste Beispiel dafür war ich selbst. Wer sich widersetzte, eine andere Meinung hatte, musste aus dem Weg geräumt werden. Frau Mustermann regierte mit Angst, nicht mit Souveränität.

Eine Geschichte, die mir im Rahmen meiner Recherchen zu Ohren kam, war, dass Frau Mustermann in einem Krankenhaus, in dem sie gearbeitet hatte, einem Patienten versicherte, diesem keine Spritze zu geben, obwohl diese bereits aufgezogen hinter ihrem Rücken in ihrer Hand lag. Eine gewisse Hinterhältigkeit war ihr nicht abzusprechen und machte mir klar, dass sie niemals fair gegen mich kämpfen würde.

Aus diesen über sie gewonnenen Informationen entwickelte sich ein kleines Psychogramm meiner Vorgesetzten. Zusammen mit den vielen Begegnungen, die ich mit ihr zwangsweise hatte – und auch benötigte, um sie zu »analysieren« –, entstanden mit der Zeit verschiedene Ansatzpunkte zu künftigen Vorgehensweisen. Frau Mustermann war meiner Ansicht nach eine vom Ehrgeiz zerfressene Frau, die zwanghaft Bestätigung brauchte. Nicht konkret von anderen, sondern eher in abstrakter Form: Dass man sah, was sie alles erreicht hatte. Dass sie intensiv arbeitete, war für sie die Bestätigung ihrer beruflichen »Größe«. Ihr Arbeitspensum war derart hoch, dass ich sie als einen Menschen einschätzte, der auf dem Weg in die Arbeitssucht war.

Ich hielt Frau Mustermann für geltungssüchtig, für unsicher, für machtgierig. Jede Kritik, jede Niederlage tat ihr weh, kränkte sie persönlich. Stark konnte sie sich nur fühlen, wenn sie anderen überlegen war bzw. glaubte, es zu sein. Also musste ich ihr dieses Gefühl nehmen. Ich musste ihr ein ständiger Dorn im Auge sein, ihre Anordnungen nicht oder falsch befolgen, ihr ständig zeigen, dass sie mir gegenüber völlig machtlos war. Ich musste ihr die Möglichkeit der Kontrolle über mich nehmen.

Genau das waren die Angriffspunkte, die sich in meinen sich darauf stützenden Aktionen als absolut richtig erwiesen. Wie sich dies im Einzelnen gestaltete, können Sie den folgenden Strategien entnehmen.

Beispiel 2:
Frau Terzel, 34 Jahre, wird seit ca. einem Jahr von ihrem direkten Kollegen, Herrn Bernauer, gemobbt. Vor einem Jahr fing sie in der Firma an und schaffte es sehr schnell, die Vorgesetzten von ihrer Leistungsfähigkeit zu überzeugen. Zunehmend bekam sie wichtige Projekte übertragen, die sie souverän betreute. Herr Bernauer, der bereits seit über vier Jahren in der Firma tätig ist, bekommt nach wie vor nur Routineaufgaben zugeteilt.

Frau Terzel vermisst immer öfter Unterlagen in ihrem Büro. Sie findet sie falsch abgeheftet wieder oder sogar in ihrem Papierkorb. Nur mit knapper Mühe gelingt es ihr, einen wichtigen Auftrag erfolgreich abzuschließen. Eine Diskette mit Arbeitsergebnissen war verschwunden. Doch Frau Terzel hatte Glück. Zu Hause hatte sie eine Kopie.

Als sie eines Tages ihr Büro betritt, trifft sie auf Herrn Bernauer, der gerade ihren Schreibtisch durchsucht. Sofort konfrontiert sie ihn damit, dass er für das Verschwinden und Verlegen von Unterlagen in der Vergangenheit verantwortlich sei. Herr Bernauer lächelt seine Kollegin an, nennt sie eine Drecksnutte. Sofort schaltet Frau Terzel ihren Vorgesetzten ein. Herr Bernauer streitet alles entschieden ab, spricht von einer Intrige, von Mobbing. Der Vorgesetzte glaubt Herrn Bernauer. Obwohl es genug Indizien dafür gibt, dass Herr Bernauer mobbt, ändert der Vorgesetzte seine Meinung nicht. Frau Terzel schreibt an die Geschäftsleitung, der Brief kommt ohne Kommentar zurück.

Von nun an wird alles nur noch schlimmer. Frau Terzel findet Zettel mit obszönen Inhalten in ihrem Schreibtisch vor. Nachts wird sie angerufen, ohne dass sich jemand meldet. In der Firma tauchen Gerüchte über ihr Privatleben auf. So hört sie, dass sie als Gelegenheitsprostituierte arbeiten würde, sie wäre dabei beobachtet worden. Auf Nachfragen bei Kollegen erhält sie keine Antwort. Für sie ist Herr Bernauer ein freundlicher und stets korrekter Mitarbeiter. Niemand glaubt Frau Terzel auch nur ein Wort. Immer, wenn sie Herrn Bernauer begegnet und er sicher ist, dass niemand sie hören kann, beschimpft er sie mit obszönen Ausdrücken.

In der Mobbingberatung analysieren wir die Person Bernauer und finden schließlich einen Ansatzpunkt, wie der Kollege empfindlich getroffen und künftig von ähnlichen gegen Frau Terzel gerichteten Aktionen abgehalten werden kann. Es stellt sich heraus, dass Herr Bernauer arbeitssüchtig ist, aber aufgrund seines Perfektionsdranges häufig seine Arbeit nicht erledigt bekommt – ein Grund, warum man ihn bisher nur mit wenig verantwortungsvollen Arbeiten betraute.

Frau Terzel geht nun folgendermaßen vor: Sie deckt sich mit einer Unmenge von Arbeit ein, zieht wichtige Projekte an sich, die alle innerhalb eines bestimmten Zeitraumes erledigt sein müssen. Dann meldet sie sich bei ihrem Arbeitgeber krank – für acht Wochen. Acht Wochen, in denen sie sich von den Mobbingattacken ihres Kollegen erholen kann, acht Wochen, in denen ihr Kollege ein schier unmenschliches Arbeitspensum zu erledigen hat, da er ihre direkte Vertretung ist.

Frau Terzel ist klar, dass Herr Bernauer die anfallende Arbeit nicht auf andere Kollegen verteilen wird, sondern die Chance nutzen will, sich vor seinem Chef zu profilieren. Ihr ist zudem klar, dass er die Arbeitsmenge nicht bewältigen kann; sein deutlicher Drang nach Perfektion – so folgern wir – wird ihn daran hindern. Über Kollegen erfährt sie, dass Herr Bernauer bis tief in die Nacht arbeitet.

Nach acht Wochen ist Frau Terzel wieder an ihrem Arbeitsplatz. Herr Bernauer erscheint ihr wie ein Wrack. Er sieht schlecht aus, wirkt stark gestresst. Seinen angegriffenen Allgemeinzustand ausnutzend geht Frau Terzel nun zum gezielten Gegenmobbing über. Sie beklagt sich über Fehler, die ihr Kollege während ihrer Abwesenheit gemacht hat. Obwohl die Geschäftsleitung dem nicht so viel Beachtung schenkt, kommt dies für Herrn Bernauer einem Todesurteil gleich. Schließlich war er immer stolz darauf, keinerlei Fehler zu begehen.

Herr Bernauer wird zusehends aggressiver im Umgang mit Frau Terzel, die ihn hingegen mit ausgesuchter Höflichkeit behandelt. Unter vier Augen jedoch macht sie sich über ihn lustig, tadelt ihn. Dabei konditioniert sie ihn auf einige

Bewegungen und Blicke, die er sofort mit Ablehnung, Hohn und Spott verbindet. In Zukunft reicht es dann schon aus, ihn auf eine bestimmte Weise anzublicken oder anzulächeln, um ihn wütend zu machen.

In seiner Arbeits- und in seiner Mannesehre gekränkt, reagiert Herr Bernauer mehr und mehr gereizt. Als Frau Terzel ihn in aller Öffentlichkeit freundlich, sogar mitfühlend zu mehr Gelassenheit auffordert, verliert der Kollege die Kontrolle über sich. Er schreit und brüllt, beleidigt Frau Terzel auf übelste Weise, droht ihr mit der Faust und damit, dass er sie fertig machen wird. Mit Entsetzen nehmen alle anwesenden Kollegen diesen Ausbruch zur Kenntnis.

Kommentar:

Es ist von entscheidender Bedeutung, die Schwachstelle oder die Schwachstellen in der Persönlichkeit des Gegners zu finden. Dies ist Voraussetzung, um effektiv zurückschlagen zu können, falls der Mobber nicht ein Fehlverhalten deutlich an den Tag legt. Haben Sie die Schwachstellen gefunden, müssen Sie diese nur noch für Ihre Zwecke nutzen.

Nicht immer ist das so »einfach« wie in obigem Beispiel. Frau Terzel hat einen wichtigen Zwischensieg errungen. Sie hat Punkte gemacht. Sie fand bei Herrn Bernauer zwei Schwächen: Arbeitssucht und Perfektionismus. Das waren die Ansatzpunkte, um einen Plan zu entwerfen, der zum Ziel hatte, die Psyche des Mobbers anzugreifen. Es dauerte insgesamt acht Wochen, bis sie erste Erfolge sah, und weitere sechs Wochen, bis ihr Gegner die Kontrolle über sich verlor.

Machen Sie sich klar, dass es häufig zunächst nur durch Versuch und Irrtum gelingen kann herauszufinden, wo die Schwachstellen beim Mobber liegen. Im Folgenden erhalten Sie weitere Anregungen zur Schwachstellenanalyse.

Strategie Nr. 10: Outen Sie den Mobber in aller Öffentlichkeit als Mobber

Ziel der (Offensiv-)Strategie:

Setzen Sie den Mobber unter Druck. Bereiten Sie auf diese Weise langsam seinen psychischen Zusammenbruch vor.

Grundsätzliche Überlegungen:

Der Mobber ist es gewohnt, dass er aus einer relativ unangreifbaren Position heraus gegen andere vorgehen kann. Mancher spekuliert damit, ungestraft mobben zu können, weil es seinem Opfer peinlich ist, auf die Angriffe zu reagieren bzw. diese öffentlich zu machen. Damit fühlt sich der Mobber nur bestärkt in seinem Vorgehen.

Wird er nun seinerseits angegriffen, gerät seine Position ins Wanken. Nun ist er es, der sich möglicherweise vor Kollegen oder vor Vorgesetzten rechtfertigen muss. Durch Gegenangriffe seines bisherigen Opfers ändert sich fast schlagartig das Verhältnis zwischen beiden: Aus einer Täter-Opfer-Beziehung wird eine Gegner-Gegner-Beziehung, die den Mobber zutiefst verunsichert.

Allein schon der Versuch, etwas über den Mobber in Erfahrung zu bringen, kann ihn – wenn er davon erfährt, und manchmal kann es durchaus sinnvoll sein, dass er davon erfährt – schon in Unruhe versetzen. Unruhe, die sich – im Zusammenwirken mit parallel eingesetzten anderen Strategien – mit der Zeit zu einer Art Dauerstress beim Gegner steigern kann.

Beispiele:

Beispiel 1:
Frau Simons, 44 Jahre, seit einem Jahr von ihrem Vorgesetzten gemobbt, greift diesen bei den allwöchentlichen Teamgesprächen offen an. Sie legt vor ihren Kollegen dar, welche unsinnigen Arbeitsaufgaben sie erhält und fordert eine Erklärung von ihrem Vorgesetzten. Der ist sichtlich überrascht, dass Frau Simons die Teamsitzung nutzt, um auf ihre Situation aufmerksam zu machen. Er ist verwirrt, stammelt, erfindet Ausflüchte. Die Kollegen sind teilweise peinlich berührt, einige daran interessiert zu sehen, wie es weitergeht. Andere wiederum haben kein Verständnis für die Reaktion von Frau Simons. Die Teamsitzung wird vom Vorgesetzten abgebrochen.

Unmittelbar nach der Teamsitzung wird Frau Simons von einigen Kollegen angesprochen, die mehr über das Ausmaß der Schikanen wissen wollen. Frau Simons klärt die Kollegen auf. Als Nächstes schreibt sie einen offenen Brief an die Geschäftsleitung. In den darauf folgenden Wochen hält sich ihr Vorgesetzter mit Mobbingattacken zurück. Frau Simons nutzt diese Zeit, um ihr künftiges Vorgehen zu strukturieren. Leider entwickelt sich aus ihrem Outing keine Kollegensolidarität. Die meisten Kollegen haben vor dem Abteilungsleiter Angst und halten sich daher aus allem heraus.

Beispiel 2:
Frau Dellbrück, 32 Jahre, seit einem halben Jahr von ihrem neuen Kollegen Herr Sturm gemobbt, versucht, Unregelmäßigkeiten im Arbeitsverhalten ihres Kollegen zu finden. Des Weiteren erkundigt sie sich über ihn bei früheren Arbeitsstellen. Sie hofft, dass Herr Sturm davon erfährt. Irgendwann spricht dieser sie auf ihre Nachforschungen an. Frau Dellbrück verhält sich ihm gegenüber reserviert, aber entschlossen. Sie eröffnet ihm, dass sie in Zukunft seine gegen sie gerichteten Aktivitäten nicht mehr hinnehmen und alles in ihrer Macht Stehende versuchen wird, um ihn auf die gleiche Weise zu behandeln, wie er sie behandelt. Leider findet sie kein belastendes Material, das sie gegen ihren Kollegen verwenden könnte.

Kommentar:
Nicht immer hat diese Strategie Erfolg, wie Sie dies am Fall von Frau Dellbrück sehen können. Doch auch wenn Sie nichts Belastendes über den Mobber herausfinden, heißt dies nicht automatisch, dass es nichts zu finden gibt, sondern lediglich, dass Sie nichts gefunden haben. Das aber weiß der Mobber nicht.

Gibt es belastendes Material gegen ihn, muss er sich die Frage stellen, ob Sie etwas herausgefunden haben und wann Sie es gegen ihn einsetzen wollen. Geben Sie Ihrem Gegner einfach das Gefühl, dass Sie etwas über ihn herausgefunden haben. Lächeln Sie ihn auf eine wissende Art an, machen Sie vage Andeutungen. Im Fall, dass es etwas Belastendes gibt, versetzen Sie damit Ihren Gegner in Angst und Schrecken. Im Fall, dass es nichts Belastendes gibt, war Ihr Vorgehen zwar wirkungslos, aber nicht weiter tragisch.

Haben Sie eine verwertbare Information gefunden, ist der Mobber nicht nur verunsichert und vielleicht ängstlich, sondern er wird auch noch wütend. Denn nun hat er nicht mehr die vollständige Kontrolle über die Situation – Kontrolle ist aber für ihn aufgrund seiner Persönlichkeitsstruktur von großer Bedeutung. Dies kann dazu führen, dass der Mobber nun emotionaler reagiert und damit Fehler bei seinen künftigen Attacken macht.

Diese Strategie macht auch noch aus einem weiteren Grund Sinn: Der Mobber nimmt Sie nun als Gegner wahr.

Der Vorteil der Strategie ist, dass sie – kurzfristig – zu einer Entlastung führt, wenn der Mobber in seinen Aktionen vorsichtiger und zurückhaltender wird. Man darf nur nicht annehmen, dass seine Zurückhaltung von Dauer ist. In seltenen Fällen – dies hängt von der Persönlichkeitsstruktur des Mobbers ab – reicht die Anwendung dieser Strategie sogar aus, damit das Mobbing aufhört. Dann nämlich hat der Mobber Angst bekommen, dass sein Ruf durch die Aktionen seines Gegners gefährdet werden könnte. Im Allgemeinen ist diese Strategie jedoch eher eine sinnvolle erste Provokation auf dem Weg, den Mobber dauerhaft psychisch unter Druck zu setzen.

Mit der Öffentlichmachung Ihres Problems erreichen Sie nicht nur, dass Ihr Arbeitsumfeld auf die Problematik aufmerksam wird, sondern Sie erhalten auch Wissen darüber, inwieweit Ihr Umfeld bereit ist, Ihnen die nötige Unterstützung zu geben. Sie erinnern sich sicherlich noch daran, was der Verwaltungsleiter des Amtes, in dem ich beschäftigt war, zu mir sagte: »Ich weiß nicht, wer von Ihnen beiden Recht hat!« – und dass er weiter nichts unternahm.

Natürlich kann ein Außenstehender nicht entscheiden, wie eine Sachlage sich verhält, da das Wesen des Mobbings ja gerade in subtilen, in der Regel nur schwer beweisbaren Angriffen besteht. Aussagen wie die des Verwaltungsleiters haben nur den Zweck, sich aus allem heraushalten zu können, obwohl gerade Vorgesetzte dazu verpflichtet wären, zur Klärung und Verbesserung des Arbeitsklimas beizutragen.

Sofern Sie also die Erfahrung machen, dass niemand Ihnen beisteht, müssen Sie mit Ihrer Situation alleine fertig werden (siehe dazu auch Strategie Nr. 7, S. 151 ff.). Die Fronten sind nun geklärt.

Strategie Nr. 11: Üben Sie Selbstbeherrschung, seien Sie stets höflich, und zeigen Sie unter keinen Umständen Schwäche!

Ziel der (Defensiv-)Strategie:

Zeigen Sie keine Schwäche, zeigen Sie Ihre Gefühle nicht, niemals! Je weniger Sie an Betroffenheit zeigen, umso besser, denn nun werden Sie für den Mobber »unsichtbar«.

Grundsätzliche Überlegungen:

Der Mobber sieht den Erfolg seiner Handlungen nicht allein an den Resultaten, z. B. dass Sie unqualifizierte Tätigkeiten ausüben oder Beleidigungen hinnehmen müssen, sondern er liest seinen Erfolg vor allen Dingen an Ihrem Gesicht ab.

Der Ausdruck der Verärgerung, der Wut, des Hasses, der Angst, der Verzweiflung sind Indikatoren für ihn, dass er mit seinen Attacken gegen Ihre Psyche Erfolg hat. Deshalb ist es so wichtig, auf die Aktionen des Mobbers mit demonstrativer Gleichgültigkeit zu reagieren, so, als würde an Ihnen alles wirkungslos abprallen.

Beispiel:

Herr Meier, 56 Jahre, Sachbearbeiter in einer mittelständischen Firma, läuft seit Monaten mit einem bedrückten bis verzweifelten Gesicht herum. Wenn er seinen Vorgesetzten sieht, krampft sich sein Magen vor Schmerz zusammen. Aus dem freundlichen, immer zu einem Scherz aufgelegten Mitarbeiter ist ein verschlossener und ängstlicher Mann geworden.

Seit fast zwei Jahren wird er von seinem Chef gemobbt. Dieser ruft ihn in unregelmäßigen Abständen in sein Büro und tyrannisiert ihn mit Aufgaben, die weit unter seinem Niveau liegen, und spöttischen Bemerkungen über seine Arbeit, die Herr Meier mit einem verzweifelten Gesichtsausdruck »schweigend« zur Kenntnis nimmt.

Die Kollegen beachten Herrn Meier kaum noch. Manche haben angefangen, über ihn zu lachen. Einige tun es hinter seinem Rücken, andere in seiner Gegenwart. Für Herrn Meier ist es offensichtlich, dass manche seiner Kollegen ihn verachten, andere ihn bewusst ignorieren, wenn er in ihre Nähe kommt. Das alles führt dazu, dass Herr Meier sich noch unwohler fühlt. Er ist unsicher in seiner Körperhaltung und in seiner Motorik geworden. Seine Augen sind ständig in Bewegung, so als warte er darauf, dass er jeden Moment angegriffen wird. Seine Stimme ist leise geworden, und sie hat einen unsicheren Klang.

Kommentar:

Nicht nur, dass dem Vorgesetzten von Herrn Meier dessen Anblick sichtlich gefällt, auch die Kollegen reagieren auf seine Veränderung. In ihren Gesichtern spiegelt sich Verständnislosigkeit, Verachtung und Gleichgültigkeit. Wie einer der Kollegen Herrn Meier freimütig erzählte, fand er dessen Reaktion auf die Angriffe seines Vorgesetzten nur erbärmlich.

Wenn Ihnen die Betroffenheit, die Verzweiflung regelrecht ins Gesicht geschrieben ist, Ihre Unsicherheit sich über Ihren Körper ausdrückt, weiß der Mobber, dass er auf dem richtigen Weg ist und Sie früher oder später besiegen wird. Mit Ihrer Wirkung nach außen laden Sie den Mobber nur dazu ein, Sie noch mehr zu attackieren. Es ist eine traurige Erkenntnis, die immer wieder ihre Bestätigung findet: Schwache oder schwach erscheinende Menschen laden nicht selten andere dazu ein, sie nun erst recht zu quälen, statt sie in Ruhe zu lassen oder, noch besser, ihnen zu helfen.

Menschen schließen sich nicht gerne Menschen an, die schwach erscheinen oder schwach gemacht worden sind. Vielleicht liegt es an der »Natur« des Menschen, dem, der offensichtlich schwächer ist, Sympathien zu entziehen. Kollegen ziehen sich sehr schnell von einem zurück, wenn sie der Überzeugung sind, dass man sich auf der Verliererstraße befindet. Gleichzeitig werden sie von der Stärke oder der vermeintlichen Stärke des Mobbers angezogen bzw. in die Passivität gezwungen.

Vielleicht haben Sie nicht mehr die Kraft, Ihre Gefühle und Handlungen so zu kontrollieren, wie es das Ziel dieser Strategie ist. In diesem Fall sollten Sie sich noch einmal mit den Schutz-Strategien auseinander setzen. Sie werden Ihnen mit der Zeit wieder neue Stabilität geben können.

Eine Maske aufzusetzen – die nicht allzu gekünstelt wirken sollte und es mit einem gewissen Training auch nicht mehr sein wird – ist der beste Schutz, um Ihre Gegner zum einen nicht über Gebühr herauszufordern, und zum anderen, sich »unsichtbar« zu machen.

Wenn man Sie »anmacht«, lächeln Sie höflich. Wenn man Sie auslacht, verziehen Sie keine Miene. Wenn man Ihre Kompetenz in Zweifel zieht, sich eine neue Gemeinheit ausgedacht hat, nehmen Sie dies mit unbewegter Mimik hin. Verschließen Sie sich. Die Unsichtbarkeit garantiert Ihnen, dass der Mobber schließlich nicht mehr weiß, ob er Sie mit seinen Maßnahmen trifft oder nicht. Er kann sich zwar denken, dass er Sie mit seinen Attacken trifft, aber er weiß es nicht genau. Und im Verbund mit den nachfolgenden Strategien wird er zunehmend daran zweifeln, dass er Sie treffen kann.

Im besten Fall provozieren Sie den Mobber mit Ihrer gezeigten Gleichgültigkeit. Seine Verunsicherung darüber ist enorm, auch wenn Sie das nicht an seinem Gesicht ablesen können, denn er weiß in der Regel sehr gut, sich zu beherrschen – im Augenblick noch aus seiner vermeintlichen Position der Stärke heraus. Mit Ihrem Vorgehen demonstrieren Sie Ihre Stärke. Sie teilen ihm auf einer unsichtbaren, aber dennoch klar wahrnehmbaren Ebene mit: »Du kannst mich nicht kleinkriegen!«

Suchen Sie auch kein Mitleid, kein Verständnis bei Ihren Kollegen. Vielleicht haben diese Ihnen zu Anfang des Mobbings beides noch mehr oder weniger großzügig gewährt. Mit der Zeit werden sie Ihnen diese Vergünstigung entziehen (siehe dazu auch Strategie Nr. 7, S. 151 ff.). Demonstrieren Sie deshalb unbedingt Stärke, auch dann, wenn Sie sich schwach fühlen. Sie müssen das Starksein einstudieren, so wie ein Schauspieler eine Rolle lernt. In Ihrem Büro können

Sie weinen, fluchen, verzweifelt sein. In der Gegenwart anderer müssen Sie stark sein bzw. stark erscheinen.

Der Eindruck, den andere von Ihnen gewinnen, wird über Ihre Körperhaltung, die Art, wie Sie sich bewegen, über Ihre Mimik und Gestik, Ihre Augen, Ihre Stimme und Ihre verbalen Äußerungen vermittelt. Überprüfen Sie deshalb ständig diese Reaktionen.

- **Achten Sie auf Ihre Körperhaltung:**
  Gehen Sie nicht gebeugt, ziehen Sie die Schultern nicht nach vorne, senken Sie nicht den Kopf.
  Gehen Sie stattdessen aufrecht, nehmen Sie die Schultern nach hinten, und halten Sie den Kopf gerade wie ein König.

- **Achten Sie auf die Art, wie Sie sich fortbewegen:**
  Bewegen Sie sich nicht hastig, fahrig, zu schnell, zu langsam.
  Schreiten Sie, machen Sie ruhige und bedächtige Bewegungen.

- **Achten Sie auf Ihre Mimik:**
  Ihr Gesicht kann sehr viel über Sie verraten. Blicken Sie in den Spiegel. Stellen Sie sich vor – so unangenehm dies auch für Sie sein mag –, Sie wären in einer Mobbingsituation, und bleiben Sie eine Weile in diesem Zustand. Sie werden bemerken, wie sich Ihr Gesicht verändert.

Gestalten Sie nun Ihren Gesichtsausdruck. Sie müssen nicht aufgesetzte Fröhlichkeit und Unbekümmertheit versprühen, das würde Ihnen wahrscheinlich auch niemand abnehmen. Versuchen Sie, neutral zu wirken. Entwerfen Sie vor dem Spiegel einen passenden Blick dazu. Wenn man Sie direkt angreift, sehen Sie den Angreifer aufmerksam, aber mit unbewegtem Gesicht an.
Sehen Sie ihm direkt in die Augen, oder, wenn Ihnen dies zu schwer fallt, auf die Nasenwurzel, was dem anderen suggeriert, dass Sie ihm in die Augen sehen.
Wenn Sie wollen – empfehlenswert wäre es –, können Sie Ihrem Gesicht dabei ein abfälliges Grinsen abringen. Behalten Sie es in jeder Situation bei, ganz gleich, wie schlecht Sie der Mobber auch behandelt.

- **Achten Sie auf Ihre Gestik:**
  Machen Sie keine hastigen und fahrigen Bewegungen mit den Armen, Beinen, dem Kopf oder Oberkörper, wenn man Sie angreift. Das würde nur signalisieren, dass Sie sich berührt bzw. betroffen fühlen.
  Halten Sie Ihren Körper unter Kontrolle, auch Hände und Füße. Tänzeln Sie nicht herum, wenn Sie stehen. Wippen Sie nicht mit den Füßen, wenn Sie sitzen. Viele Menschen verändern unwillkürlich ihre Sitzposition, wenn sie angesprochen werden – das verrät nur Unsicherheit. Besser ist es, ohne jegliche Bewegung, aber lässig auf dem Stuhl sitzen zu bleiben.

- **Achten Sie auf Ihre Augen:**
  Es ist wichtig, dass Ihre Augen sich nicht unruhig hin und her bewegen. Sehen Sie Ihren Gegner nicht an, deutet er dies in der Regel als Schwäche (siehe dazu als Ausnahme das Beispiel bei Strategie Nr. 13, S. 185 ff.).
  Sehen Sie dem Mobber immer in die Augen bzw. auf die Nasenwurzel. Fixieren Sie ihn geradezu. Das signalisiert Stärke und Selbstbewusstsein.

- **Achten Sie auf Ihre Stimme:**
  Ihre Stimme darf nicht zittrig, ängstlich oder verlegen klingen.
  Ihre Stimme muss fest sein, klar, nicht zu laut und nicht zu leise. Schreien Sie nie. Wer schreit, zeigt nur, dass er schwach ist und außer dem Schreien keine Möglichkeit sieht, sich zu wehren. Diesen Triumph dürfen Sie dem Mobber nicht gönnen. Hat Ihre Stimme keine Festigkeit, so sagen Sie lieber gar nichts oder sehr wenig. Damit sind Sie besser beraten, als mit zittriger Stimme zu sprechen. Können Sie Ihrer Stimme einen Unterton von Ironie oder Verachtung beimischen, ist das für eine Offensivstrategie optimal (siehe dazu auch Strategien Nr. 12, 13 und 14, S. 182 ff. bzw. S. 185 ff. bzw. S. 200 ff.).

- **Achten Sie auf das, was Sie sagen:**
  Rechtfertigen Sie sich nicht mehr – es hat keinen Sinn. Ab einem gewissen Zeitpunkt geht es nicht mehr darum, wer Recht hat und wer nicht. Wenn Ihnen der Mobber

vorwirft, dass Sie ein schlechter Mitarbeiter sind, dann schweigen Sie. Lächeln Sie abfällig, aber diskutieren Sie nicht mehr mit ihm. Diskutieren ist genau das, was er will. Damit schafft er es wieder, Sie in einen negativen emotionalen Zustand zu versetzen. Ihre Rechtfertigungsversuche sind dem Mobber nur Ansporn, Sie weiter zu quälen. Reagieren Sie stattdessen mit Schweigen oder Floskeln, wie z. B.: »Wenn Sie das sagen!«, »Sie kennen meine Meinung dazu!«, »War's das?!« etc.

Gelingt es Ihnen, die eben beschriebenen Reaktionsweisen zu übernehmen und in den entsprechenden Situationen anzuwenden, strahlen Sie Selbstbewusstsein und Unangreifbarkeit aus – etwas, was Mobber überhaupt nicht leiden können. So betrachtet ist diese Defensivstrategie schon fast eine Offensivstrategie, denn mit einem solchen Verhalten provozieren Sie Ihren Gegner. Dies wiederum ist ein wichtiger Baustein, um im Laufe der Zeit den Mobber dazu zu bringen, unkontrolliert Aussagen zu machen und Handlungen zu begehen, die Sie zu Ihrem Vorteil nutzen können.

Spielen Sie nicht überschwänglich den Sorglosen, Lustigen, dem alles gleichgültig ist. Das glaubt Ihnen niemand. Bemühen Sie sich stattdessen darum, sich Ihre Emotionen nicht anmerken zu lassen. Verbergen Sie diese hinter einer Maske der Höflichkeit und Sachlichkeit.

Machen Sie sich keine Gedanken darüber, dass Ihr Verhalten »nur« Fassade ist. Wichtig ist lediglich, dass Ihr Verhalten selbstbewusst erscheint und Unangreifbarkeit demonstriert. Es beeinträchtigt die Wirkung nicht, dass Sie sich nicht so fühlen, denn Sie dürfen nicht davon ausgehen, dass andere Ihren emotionalen Zustand richtig einschätzen können. Die meisten Menschen lassen sich sehr leicht täuschen. Möglicherweise wird Ihr »nur« gespieltes Selbstbewusstsein sogar positiv auf Sie zurückwirken, sodass Sie sich mit der Zeit tatsächlich besser fühlen.

Es wird Ihnen leichter fallen, sich entsprechend der eben beschriebenen Reaktionsweisen zu verhalten, wenn Sie wissen, dass Sie an anderer Stelle zurückschlagen werden, d. h. den Mobber angreifen. Dieses Wissen wird Ihnen Kraft geben und Ihr Selbstbewusstsein stärken.

Strategie Nr. 12: Nehmen Sie den Mobber nicht ernst, und nehmen Sie ihm dadurch die Macht, die er bisher über Sie hatte!

Ziel der (Offensiv-)Strategie:

Demonstrieren Sie Unangreifbarkeit, indem Sie den Mobber in seinen Handlungen nicht ernst nehmen und ihn der Lächerlichkeit preisgeben. Dadurch zeigen Sie, dass Sie ihm überlegen sind. Durch ein derartiges Vorgehen destabilisieren Sie mit der Zeit die Psyche Ihres Gegners.

Grundsätzliche Überlegungen:

Für den Mobber ist es wichtig, dass sein Opfer vor ihm Angst hat. Dies gibt ihm das Gefühl der Kontrolle und Überlegenheit, kurz: der Macht. Dieses Gefühl benötigt er, denn es bestätigt ihm, dass seine Attacken Erfolg haben (siehe auch »Die Psyche der Mobber«, S. 81 ff.). Ein Mobber, der nicht ernst genommen wird, zweifelt automatisch an seiner Macht. Nicht sofort, aber immerhin im Lauf der Zeit.

Alles, was Ihr Gegner tut, wird von nun an von Ihnen mit einem überlegenen Lächeln quittiert, mit ironischen Bemerkungen kommentiert, mit abfälligen Blicken ignoriert. Mit anderen Worten: Sie tun genau das Gegenteil von dem, was der Mobber erwartet – und was im Allgemeinen auch die normale Reaktion wäre. Verweigern Sie ihm jedoch diese normale Reaktionsweise – unabhängig davon, dass Sie genauso empfinden –, bringt dies den Mobber aus dem Konzept. Er wird sich fragen, ob die ergriffenen Maßnahmen nicht zu harmlos waren, und wird möglicherweise härtere Geschütze auffahren.

Lassen Sie sich davon nicht weiter beeindrucken. Vermehrte Anstrengungen locken Ihren Gegner nur aus der Reserve. Möglicherweise wird die Verschärfung der Attacken gegen Ihre Psyche so überzogen ausfallen, dass er Fehler macht und sich Blößen gibt, die Sie beispielsweise vor dem Arbeitsgericht verwenden können.

In dem Bestreben, Sie »jetzt erst recht kleinzukriegen«, offenbart der Mobber seine Verunsicherung Ihnen gegenüber. Das wiederum verschafft Ihnen das nicht ganz unwichtige Gefühl, Macht über den Mobber zu erlangen. Sie diktieren ihm geradezu, wie er sich Ihnen gegenüber verhalten soll. Und ganz gleich, welche Maßnahmen er ergreift, lächeln Sie, ironisieren Sie, blicken Sie abfällig.

Beispiel:
Als meine Vorgesetzte, Frau Mustermann, damit begann, mich zu mobben, nahm ich ihr Verhalten zunächst sehr ernst. Als ich begriff, dass ich ihr damit Macht über mich gab, veränderte ich meine Reaktion. In ihrer Gegenwart benahm ich mich ungezwungen, locker, auf übertriebene Weise freundlich (siehe dazu Strategie Nr. 13, S. 185ff.). Ich tat so, als ginge alles, was sie mir antat, mich nichts an. Wenn ich mich über sie aufregte, dann machte ich das auf eine Weise, dass sie denken musste, dass ich mich nur zum Schein aufregte und eigentlich völlig gleichgültig war.

Kommentar:
Die Verunsicherung des Gegners ist ein wertvoller Punkt, den man als Gemobbter machen kann. Unterschätzen Sie die Wirkung dieser Strategie nicht, nur weil Sie so simpel klingt – die Umsetzung ist zugegebenermaßen nicht so simpel, sie kostet zum Teil sehr viel Überwindung.

Die Verunsicherung des Gegners ist der Beginn der Gegenoffensive. Denn jetzt gilt es zu testen, ob der Mobber ebenfalls dazu in der Lage ist, ein derartiges Maß an Selbstbeherrschung aufzubringen.

Strategie Nr. 13: Provozieren Sie den Mobber, um ihn zu verunsichern und ihn zu Fehlern zu verleiten!

Ziel der (Offensiv-)Strategie:

Verschaffen Sie sich Macht über den Mobber, vertiefen Sie seine Verunsicherung, treiben Sie ihn systematisch in den »Wahnsinn«, und reizen Sie ihn zu Überreaktionen.

Grundsätzliche Überlegungen:

Diese Strategie schließt direkt an die vorige an. Gelingt es Ihnen, Ihren Gegner zu provozieren, so steigt zum einen die Chance, dass Sie ihn nun Ihrerseits demütigen und ihn seiner Macht über Sie berauben. Zum anderen verleiten Sie ihn dazu, die Mobbingattacken zu verstärken, dabei aber nicht mehr auf die Verhältnismäßigkeit der Mittel zu achten. Wenn er in Gegenwart anderer über Sie spricht, wird er sich nun zunehmend weniger sachlich verhalten, was seine Glaubwürdigkeit erschüttern wird.

Jetzt wird der Mobber Sie nur noch schneller loswerden wollen. Folglich müssen seine Aktivitäten an Schärfe gewinnen. Dies aber führt in den meisten Fällen dazu, dass er nun Fehler macht, die entscheidende Stellen in Ihrer Firma möglicherweise endlich zur Überzeugung gelangen lassen, dass Sie wohl doch gemobbt werden. Oder aber Sie können Punkte sammeln, die Ihnen Vorteile bringen bei der Höhe einer Abfindung oder beim Gang zum Arbeitsgericht.

Vergessen Sie nie, dass Mobber prinzipiell ein Persönlichkeitsproblem haben. Trotz ihres systematischen und im Allgemeinen auch kalkulierten Vorgehens sind sie in ihrer Psyche äußerst anfällig. Werden sie provoziert, werden sie dadurch zwar nicht weniger gefährlich, aber sie können ihre Aktionen schlechter kontrollieren, weil diese mehr und mehr von Wut und Hass geprägt sind. Ihr Gegner muss Sie hassen. Er muss Sie bewusst hassen. Sie müssen für ihn der hassenswerteste Mensch auf Erden werden, was Sie möglicherweise sowieso schon sind. Erst dann steigt die Chance, dass er bei seinen Attacken Fehler begeht. Er verliert zunehmend die Kontrolle über sich. Dass Sie zum Angriff übergehen ist für den Mobber ein Schlag ins Gesicht, eine bodenlose Unverschämtheit. Sie, sein Opfer, wagen es, gegen ihn anzutreten, wo er doch bisher glaubte, die totale Kontrolle über Sie zu haben. Die Zeit wird Ihre Verbündete sein, nach dem Motto: »Steter Tropfen höhlt den Stein.«

Natürlich ist es unerlässlich, dass Sie Strategie Nr. 8 befolgen und sich bei allem, was Sie tun, absichern. Achten Sie deshalb stets darauf, dass sowohl der Akt des Provozierens als auch des Lächerlichmachens sich nicht negativ auf Ihr Image auswirken. Dazu später mehr.

Die beste Methode, einen Mobber zu provozieren, ist Ironie, Humor, gepaart mit der von Ihnen über Mimik und Gestik vermittelten Verachtung, die Sie für Ihren Gegner empfinden. Viele Mobber haben einen unterentwickelten Humor und lediglich rudimentäre Ansätze von Ironie in ihrem Programm. Sie nehmen in der Regel das Leben sehr ernst und ihre eigene Person gleich mit – und dies in einem übersteigerten Maß. Ständig müssen sie darauf achten, dass man ihnen nicht die »Butter vom Brot stiehlt«, sie missachtet und sie in ihrer »Großartigkeit« ignoriert. Ein Mobber ist häufig sehr machtorientiert und hasst bzw. meidet jede Situation, in der er der Unterlegene ist. Haben Sie die Möglichkeit, Ihren Gegner optimal zu provozieren, so verbreiten Sie bei ihm Angst und Schrecken. Das zu wissen gibt Ihnen ein gutes Gefühl, etwas, was Sie dringend für Ihre psychische Stabilisierung benötigen.

Nun mag es Ihrer Auffassung von Humanität widerstreben, einen Menschen zu provozieren und – wie in der nächsten Strategie vorgeschlagen – auch lächerlich zu machen. Doch denken Sie daran: Ohne ein gewisses Maß an »Skrupellosigkeit« ist der Kampf gegen den Mobber nicht zu gewinnen.

Die Gefahr, im Augenblick des Gegenschlags äußerst negative Emotionen bei sich wahrzunehmen oder diese zu vertiefen, besteht ohne Zweifel. Ich selbst bin z. B. in eine Art Rausch verfallen, als ich bemerkte, dass meine Vorgesetzte meinen verbalen Attacken nahezu völlig hilflos ausgeliefert war. Sie war einfach nicht fähig, entsprechend zu kontern. Das trieb sie schier in den Wahnsinn und hätte beinahe zu ihrer Kündigung geführt. Einen Weg gefunden zu haben, sie zu besiegen – wenn auch nur in einem eng begrenzten Feld –, war mir eine riesige Genugtuung und erhöhte meine Widerstandskraft.

Sollte sich ein derartiger Rausch auch bei Ihnen einstellen, so genießen Sie ihn in vollen Zügen. Doch hüten Sie sich davor, ihn wie eine Droge zu brauchen und letzlich davon abhängig zu werden. Denken Sie stattdessen stets an das Nietzsche-Zitat im Kapitel »Worauf Sie sich einlassen, wenn Sie sich zur Wehr setzen« (s. S. 65) und an die Tagesreflexionen, die dort ebenfalls beschrieben worden sind (s. S. 69).

Zum gekonnten Provozieren und Lächerlichmachen des Mobbers gehören Phantasie, Beobachtung und Planung. Sie müssen herausfinden, an welchen Stellen er empfindlich ist. Wo ist er provozierbar, bei welchen Themen, bei welchen Handlungen, in welchen Situationen? Provozieren sollten Sie Ihren Gegner nur unter vier Augen, niemals in der Öffentlichkeit. Für das Lächerlichmachen des Mobbers gibt es allerdings Ausnahmen.

Beispiele:

Beispiel 1:
Setzen Sie das Stilmittel der Ironie ein. Wichtig ist dabei, dass Sie es über einen längeren Zeitraum (bzw. für immer) konsequent einsetzen und sich durch nichts in Ihrem Vorgehen beirren lassen. Ignorieren Sie den Mobber beispielsweise, grüßen Sie ihn mehrere Tage lang nicht, anschließend dann aber umso überschwänglicher. Seien Sie übertrieben freundlich zu ihm, sodass er genau weiß, dass Sie das Gegenteil von dem meinen, was Sie sagen.

Sehen wir uns an, wie Sie gekonnt Ironie einsetzen können, und stellen Sie sich dabei vor, dass alles, was die gemobbte Person (G) zum Mobber (M) sagt, übertrieben klingt und von diesem eindeutig als Ironie identifiziert werden kann.

G: »Guten Morgen, Herr Schönfeld! Hatten Sie ein schönes Wochenende?«
M: »Ja, danke der Nachfrage.«
G: »Haben Sie sich gut vom Arbeitsstress erholt?«
M: »Ja!«
G: »Das freut mich für Sie!«
M: »Passen Sie auf, Herr Berthold. Was soll dieser Unsinn?! Es interessiert Sie doch überhaupt nicht, wie es mir geht! Also lassen Sie das!«

Natürlich kann es sehr schnell passieren, dass der Mobber den Dialog abbricht. Aber das darf Sie nicht weiter beirren. Es bedeutet letztlich nur, dass Sie ihn provoziert haben – was Sie ja auch wollen und sollen. Verhalten Sie sich so, als wären Sie verletzt, weil man Ihnen etwas derartig Abwegiges unterstellt. Folgendermaßen kann es dann weitergehen:

G: »Aber Herr Schönfeld! Wie können Sie so etwas nur sagen! Sie wissen doch, wie sehr ich an Ihrem Wohlergehen interessiert bin. Das trifft mich jetzt aber sehr!«

Ein derartiger Dialog kann sich nun noch über eine gewisse Zeit hinziehen. Sie sind der Überlegene. Sie befinden sich in einer unangreifbaren Position.

Natürlich könnte der Mobber Sie einfach ignorieren und

weitergehen. Auch in diesem Fall haben Sie die Möglichkeit, das Schauspiel nicht einfach zu Ende gehen zu lassen. Sie können dem Mobber hinterhergehen und höflich fragen, warum er Sie nicht grüßt bzw. so schlecht behandelt, wo Sie doch so freundlich waren und sich nach seinem Befinden erkundigt haben.

In einer solchen Situation haben Sie alle Trümpfe in der Hand. Freundlichkeit und Höflichkeit sind gute Waffen im Kampf gegen den Mobber. Ihrer Phantasie sind in einem solchen Gespräch keine Grenzen gesetzt.

Geht der Mobber auf den verbalen Schlagabtausch ein, oder hat er selbst Ironie in seinem Repertoire, so wird die gesamte Geschichte nun höchst interessant. Es wird ein Kampf mit Worten. Wird es für Sie eng, können Sie sich mit gleichbleibend übertriebener Höflichkeit verabschieden, ohne damit einzugestehen, dass Ihnen nichts mehr einfällt. Am besten mit dem Spruch:

G: »Liebend gerne würde ich mich noch weiter mit Ihnen unterhalten, Herr Schönfeld. Aber leider muss ich arbeiten, woran Sie mich ja bestimmt nicht hindern wollen.«

Dann drehen Sie sich um und gehen.

Beispiel 2:
Nachdem ich meine Vorgesetzte unter vier Augen, in Gegenwart anderer und ohne ihr Dabeisein lächerlich gemacht hatte (siehe dazu Strategie Nr. 14, S. 200 ff.), wurde mir von

ihr verboten, an den Teambesprechungen der Abteilung teilzunehmen. Ich bekam eine Sondersprechstunde, in der ich allein mit Frau Mustermann über die Erledigung meiner Arbeiten sprechen durfte. Sie versuchte dann stets, eine sachliche Atmosphäre aufzubauen, die von deutlicher Distanz zu mir geprägt war. Leider blieb es immer nur bei diesem Versuch.

Wir saßen uns schräg gegenüber in ihrem Dienstzimmer, und ich blickte demonstrativ aus dem Fenster, wenn ich mit ihr sprach. Um es mir gleichzutun, sah sie zur gegenüberliegenden Wand, wenn sie mit mir sprach. Natürlich war dieses Vorgehen nicht die ganze Zeit durchzuhalten und auch nicht sinnvoll. Schließlich war ja nach wie vor mein Ziel, sie zu provozieren, und dabei spielen Gestik und Mimik eine entscheidende Rolle.

Jedes Gespräch begann damit, dass sie mich fragte, was ich in den letzten Tagen getan und ob ich die von ihr aufgetragenen Arbeiten erledigt hatte. Natürlich hatte ich die Arbeiten nicht erledigt, weil ich aufgrund anderer Aufgaben noch nicht dazu gekommen war oder weil ich den Auftrag falsch verstanden hatte aufgrund unpräziser Vorgaben ihrerseits etc. Diese Vorgehensweise funktioniert gut, solange Arbeitsaufträge nur mündlich gegeben werden, weil man dann immer sagen kann, dass der andere sich nicht richtig ausgedrückt hat, möglicherweise sogar mit voller Absicht, was dazu führt, dass man sich über den Mobber beim nächsthöheren Vorgesetzten beschweren kann – auch dann, wenn der mit dem Mobber unter einer Decke steckt. Schließlich sollte man höhere Vorgesetzte ebenfalls ein wenig provozieren bzw. ärgern (siehe dazu Strategien Nr. 17 und 18, S. 218 ff. bzw. S. 223 ff.). Natürlich war ich in allem, was ich sagte, ausgesprochen höflich und zuvorkommend, sogar freundlich – in übertriebener Weise.

Bei einer der Einzelbesprechungen mit Frau Mustermann kam es zu einer Provokation der besonderen Art. Ich hatte von meinen Kollegen erfahren, dass sie die gesamte Abteilung zu sich nach Hause zu einem Grillfest eingeladen hatte. Diese Information wollte ich in der nächsten Besprechung als Provokation verwenden. Mir bereitete dieser Gedanke bereits im Vorfeld höchstes Vergnügen.

Nach dem üblichen sachlichen Vorspiel und dem früher oder später einsetzenden Ende ihrer Selbstbeherrschung – ihre Unterlippe fing dann an zu zittern – war es Zeit, das Finale vorzubereiten. Ich verabschiedete mich von ihr, ging zur Tür und kehrte dann noch einmal um.

G: »Ach, Frau Mustermann, ich habe da noch eine Frage. Ich habe gehört, dass Sie die gesamte Abteilung zum Grillfest zu sich nach Hause eingeladen haben. Ist das richtig?«

Frau Mustermann bestätigte dies. Das Zittern ihrer Unterlippe intensivierte sich.

G: »Da ich ja nun auch zur Abteilung gehöre, wollte ich Sie fragen, ob diese Einladung denn auch für mich gilt.«

Meine Vorgesetzte zeigte in diesem Augenblick eine bemerkenswerte Selbstbeherrschung. Obwohl sie rot anlief, schwer zu atmen begann, das Zittern ihrer Unterlippe auf den Höhepunkt zusteuerte, gelang es ihr, wenn auch mit brüchiger Stimme, äußerst »geistreich« zu antworten.

M: »Das muss ich mir noch überlegen!«

Woraufhin ich für einen kurzen Moment einen betroffenen Gesichtsausdruck aufsetzte.

G: »Das wäre aber zu schade, wenn Sie mich nicht einladen würden. Ich hätte Sie gerne einmal in Ihrem häuslichen Umfeld erlebt.«

Dabei setzte ich eine Psychotherapeutenmiene auf, die so viel besagte wie: »Ob du da wohl genauso bescheuert bist wie hier?«

Es fehlte nicht viel, und Frau Mustermann hätte mich körperlich angegriffen. Obwohl ich dies in meine Planung mit einbezogen und sogar »irgendwie« gewünscht hatte, drehte ich mich um und ging. Jedes weitere Wort hätte möglicherweise zur entscheidenden Konfrontation geführt.

Ich hatte darauf geachtet, dass die Sekretärin im Vorzimmer anwesend war. So hätte ich eine Zeugin gehabt, die hätte bestätigen können, dass meine Vorgesetzte mich angegriffen hat. Doch im entscheidenden Augenblick brachte ich es nicht fertig, mich auf eine Fortführung des Dialogs einzulassen. Im Nachhinein bereue ich meine »Skrupel« nicht, weil ich auch ohne eine derartige Eskalation schließlich mein Ziel erreichte. Doch noch einige Tage danach war ich ein wenig enttäuscht von mir.

Das Resultat dieser Aktion war, dass ich mehrere Monate lang isoliert in meinem Büro saß, was mich zum damaligen Zeitpunkt nicht mehr sonderlich berührte – auch wenn man das Gegenteil erhoffte – und ich mir die Zeit mit Lesen, Schreiben und Schlafen vertrieb. Als man bemerkte, dass mich diese Kaltstell-Aktion nicht im Geringsten berührte, kam wer auch immer auf die Idee, mir eine Beschäftigung zu geben. Ich erhielt den Auftrag, zweihundert Adressen zu schreiben, und da zur Zeit angeblich keine Computer frei waren, sollte ich dies handschriftlich tun.

Natürlich protestierte ich, doch der Personalrat meinte, ich solle diese Aufgabe ausführen. Was ich dann auch tat. Aber es war eine wichtige Information, die vor dem Arbeitsgericht Verwendung hätte finden können. Für die Verbreitung der Information, dass man mir eine derartige Aufgabe übertrug, hatte ich gesorgt.

Kommentar:

Indem Sie Ihren Gegner nicht ernst nehmen, ihn provozieren – und dies wenn möglich über einen längeren Zeitraum –, zermürben Sie seine psychische Widerstandskraft. Vergessen Sie nie: Nicht die einmalige Aktion führt zum Erfolg, sondern nur die beständige Provokation.

Vielleicht ist Ihnen bei der Lektüre obiger Beispiele durch

den Kopf gegangen, dass das alles doch ziemlich albern ist. Da muss ich Ihnen – zum Teil – Recht geben. Aus der Außenperspektive ist es albern. Vieles, was im Laufe des Mobbings geschieht, hat mit der Zeit etwas Absurdes, Unwirkliches, manchmal sogar Lächerliches, Kindisches. Aus der Innenperspektive jedoch – also aus dem Blickwinkel der Betroffenen – stellt sich die gesamte Situation anders dar.

Beim Mobbing handelt es sich um einen erbarmungslosen Kampf ums Überleben. Und ein Bestandteil psychologischer Kriegsführung ist nun einmal, die Psyche des Gegners zu schwächen, ihn in Angst und Schrecken zu versetzen, sodass er kopflos handelt und nur noch ein Bündel von unkontrollierbaren Emotionen ist. Betrachten Sie sich selbst. Wie stark sind Ihre Nerven in Mitleidenschaft gezogen, wie emotional sind Sie mittlerweile in die Sie betreffenden Geschehnisse verwickelt, sodass Sie emotional und nervlich am Ende sind?

Nie habe ich den Ernst der Lage unterschätzt, aber sie mit Humor zu betrachten und dies auch auf meine Person auszudehnen, habe ich ebenfalls nie versäumt. Eine solche Haltung schützt ein wenig davor, sich verbissen in Racheaktionen zu verrennen.

Mit Ihrem provokanten Verhalten signalisieren Sie Ihrem Gegner auf eine sehr deutliche und direkte Weise, dass Sie keine Angst vor ihm haben, dass Sie mit ihm spielen und Ihnen dies sogar Spaß macht – zumindest soll das der Mobber glauben, und das verunsichert ihn noch mehr.

Amüsieren Sie sich über die Dinge, die der Mobber zu

Ihnen sagt. Er gibt Ihnen z. B. einen Auftrag, der weit unter Ihrem Niveau liegt. Bedanken Sie sich überschwänglich bei ihm, loben Sie seine Fähigkeit, die ihre richtig einzuschätzen. Sie können sicher sein, dass Sie Ihren Gegner früher oder später in die Verzweiflung treiben, weil er nämlich nicht mehr weiß, was er noch alles tun soll, um Sie zu quälen.

Macht Ihr Gegner aufgrund Ihrer Provokationen einen Fehler, dokumentieren Sie ihn. Achten Sie darauf, dass möglichst viele Zeugen mitbekommen, was er Ihnen antut. Je mehr Zeugen Sie haben, umso besser. Nicht, dass Ihnen das immer real vor dem Arbeitsgericht zugute kommt, denn die Zeugen haben möglicherweise Angst, ihre Arbeit zu verlieren oder das nächste Opfer zu sein, wenn sie zu Ihren Gunsten aussagen. Aber je mehr potentielle Zeugen Sie haben, desto mehr erhöhen Sie das Risiko für den Vorgesetzten bzw. für den Arbeitgeber, dass einer dieser vielen Zeugen vielleicht doch für Sie aussagt. Dies gibt Ihnen eine bessere Verhandlungsposition bezüglich eines Auflösungsvertrages, sofern Sie darauf spekulieren.

Stellen Sie sich nur vor, dass Dutzende von Mitarbeitern als Zeugen vor das Arbeitsgericht geladen werden würden. Möglicherweise sogar Mitarbeiter von externen Stellen, die einen Brief mit einer von Ihnen handgeschriebenen Adresse erhalten haben. Und stellen Sie sich weiter vor, Presse wäre bei diesen öffentlichen Sitzungen zugegen (siehe dazu Strategien Nr. 17 und 18, S. 218 ff. bzw. S. 223 ff.). Was glauben Sie, wie »glücklich« Ihr Arbeitgeber, Ihr Unternehmen darüber sein würde?!

Beispiel 3:
Meine Vorgesetzte, Frau Mustermann, gab mir telefonisch einen Arbeitsauftrag, der weit unter meinem Niveau lag. Dass sie mich damit demütigen wollte, war offensichtlich. Ich sollte für sie aus dem Sozialhilfegesetz einige Paragraphen heraussuchen. Was das denn für Paragraphen seien, wollte ich wissen. Da es ihr sehr schwer fiel, sich mit mir zu unterhalten, fasste sie sich, wenn möglich, immer sehr kurz. Sie nannte mir also die Paragraphen, und ich fragte sie daraufhin, wo ich diese denn finden könne.

Langsam wurde sie wütend. Sie antwortete: »Im Sozialhilfegesetz, wo denn sonst?!« Die Antwort war natürlich richtig. »Ja, aber wo denn genau?«, wollte ich wissen. »Sehen Sie das Gesetz durch«, antwortete sie zunehmend ungehalten. Wo sich das Gesetz denn befinden würde, fragte ich weiter, und diese Frage war berechtigt (obwohl ich die Antwort wusste). »Suchen Sie es!«, gab sie zur Antwort. »Und wenn ich es finde, dann kopiere ich es?«, fragte ich sie. Da sie schon nicht mehr richtig hinhörte, bejahte sie dies.

Natürlich bezog sich ihre Antwort auf die entsprechenden Paragraphen, doch ich nahm ihr Ja wörtlich. Also ging ich in den nächsten Tagen – immer wenn ich Zeit hatte – in das Sozialamt und kopierte dort in aller Ruhe das Sozialhilfegesetz. Da das Gesetz sehr umfangreich ist, benötigte ich ein, zwei Wochen dafür. Wenn man mich im Sozialamt nach meinem Tun fragte, dann antwortete ich, dass ich im Auftrag meiner Vorgesetzten handeln würde.

Währenddessen rief mich Frau Mustermann immer wieder mal an, um sich zu erkundigen, wo denn die Paragraphen bleiben würden. Und ich gab Auskunft, dass es wohl nicht mehr lange dauern würde. Schließlich wurde sie sehr ungeduldig und setzte mir eine Frist. Als diese ablief, ging ich in ihr Büro und legte das kopierte Sozialhilfegesetz (so weit ich es noch in Erinnerung habe, waren es über tausend Seiten) auf ihren Schreibtisch. Verwundert blickte sie mich an. Stolz sagte ich, dass ich den Auftrag vollständig ausgeführt hätte.

Frau Mustermanns Unterlippe begann wieder einmal zu zittern. Wütend sagte sie, dass dies nicht ihr Auftrag gewesen sei. Ich widersprach und machte freundlich darauf aufmerksam, dass das Personalamt (obwohl ich wusste, dass es sich nicht dafür interessierte) sich freuen würde zu erfahren, wie qualifizierte Mitarbeiter in diesem Amt eingesetzt würden.

Kommentar:
Sie können sich sicher vorstellen, dass eine solche Aktion – vor allen Dingen dann, wenn Sie das Nervenkostüm Ihres Gegners schon arg strapaziert haben – ihn in Wut und Verzweiflung versetzt. Nehmen Sie die beiden letzten Beispiele. Geschehen derartige Vorkommnisse in einer zeitlich relativ schnellen Abfolge, so setzen Sie damit die Psyche des Mobbers massiv unter Druck. Ganz abgesehen davon, dass eine gering qualifizierte Tätigkeit, die von einem hoch qualifizierten Mitarbeiter ausgeführt werden soll, den Tatbestand des Mobbings erfüllt.

In meinem Fall war es das Heraussuchen von Paragraphen. Es gelang mir, daraus das Kopieren eines Gesetzeswerkes zu machen, indem ich meine Vorgesetzte verbal irritierte. Sie hörte mir nicht genau zu. Doch das war ihr Problem, nicht meines. Der Bumerang-Effekt kam voll zum Tragen. Sie wollte mich mit ihrem Auftrag demütigen, und ich rächte mich dafür, indem ich den Auftrag auf die etwas andere Art ausführte.

Versuchen Sie, Ihren Gegner dazu zu bewegen, sich möglichst unklar auszudrücken oder in eine verbale Falle zu laufen, sodass Sie einen Vorwand haben, den Auftrag auf eine besonders kreative Weise auszuführen (achten Sie dabei jedoch auf die Verhältnismäßigkeit Ihres Tuns). Dadurch erhalten Sie die Möglichkeit, diese besondere Tätigkeit als Pfand beispielsweise bei einer Abfindungs- bzw. Gerichtsverhandlung einzusetzen.

Sollten Sie überhaupt keine Skrupel haben, so geben Sie sich selbst einen unsinnigen Arbeitsauftrag, und schieben Sie diesen dann dem Mobber in die Schuhe. Streitet daraufhin der Mobber die »Verantwortung« für den Auftrag (berechtigterweise) ab, können Sie damit argumentieren, dass Sie selbst ja wohl kaum auf die Idee kämen, sich eine derart erniedrigende Tätigkeit auszudenken; Sie würden den Auftrag aber durchaus als deutliches Zeichen für Mobbing ansehen. Doch das ist natürlich nur so ein Gedanke.

Strategie Nr. 14: Machen Sie den Mobber lächerlich, um ihn zu veranlassen, weitere Fehler zu begehen!

Ziel der (Offensiv-)Strategie:

Berauben Sie Ihren Gegner seiner Souveränität. Verunsichern Sie ihn. Reizen Sie ihn, Fehler zu machen.

Grundsätzliche Überlegungen:

Gelingt es Ihnen, den Mobber lächerlich zu machen, erhöht sich Ihre Chance um ein Vielfaches, dass seine Psyche stark in Mitleidenschaft gezogen wird und er – getrieben von seiner Wut auf Sie – zusätzliche Fehler begeht. Wie auch bei der vorigen Strategie gilt es, darauf zu achten, dass Ihr Image vor den anderen Kollegen bzw. Vorgesetzten keinen Schaden nimmt, wenn Sie Ihren Gegner lächerlich machen. Gehen Sie deshalb souverän vor. Das bedeutet, dass weder Wut noch Hass noch Schadenfreude Bestandteil Ihrer Aktionen sein sollten.

Andernfalls würden Außenstehende – und damit natürlich auch der Mobber – Sie als wesentlich verstrickter und emotional betroffener wahrnehmen, als dies für Sie von Vorteil wäre. Sie würden sich damit nur eine vermeidbare Blöße geben. Stehen Sie also über den Dingen bzw. tun Sie einfach so. Schmunzeln Sie in Gegenwart anderer, wenn es Ihnen gelungen ist, einen Pfeil treffsicher in das Herz Ihres Gegners platziert zu haben, aber enthalten Sie sich jeglicher offenen Schadenfreude.

Die beste Methode, einen Mobber lächerlich zu machen, ist wie bei der Provokation Ironie und Humor. Sollten Sie selbst bereits einmal der Lächerlichkeit preisgegeben oder derart provoziert worden sein, dass Sie die Beherrschung verloren bzw. kurz davor gestanden haben, wissen Sie um die Wirkungsweise dieser Strategie. Gehören Sie zu jenen Menschen, denen es nicht eben leicht fällt, ironisch zu sein, die richtigen Ideen zu finden, so ist das kein Grund zur Resignation. Zum einen werden Sie im Folgenden einige Beispiele finden, zum anderen möchte ich Sie auf ein Buch aufmerksam machen, das Sie auf hervorragende Weise auf kommende Aktionen des Lächerlichmachens eines Mobbers vorbereiten kann.

Till Eulenspiegel war eine Person, die geradezu eine Meisterschaft darin entwickelt hatte, jemanden zur »Weißglut« zu bringen. Daher möchte ich Ihnen die Lektüre der Eulenspiegeleien wärmstens empfehlen. Natürlich sind diese Geschichten nicht auf Ihre reale Situation übertragbar, aber sie vermitteln Ihnen eine Ahnung davon, worauf es ankommt und wie Sie bestimmte Aktionen planen können. Hierbei ist insbesondere Folgendes von Bedeutung: Till Eulenspiegel nahm häufig das, was andere ihm sagten, wortwörtlich. Eine dazu passende Begebenheit habe ich in der vorigen Strategie mit dem Beispiel über das Kopieren des Sozialhilfegesetzes beschrieben (s. S. 197 ff.).

Das Lächerlichmachen des Mobbers kann auf drei Arten geschehen. Die erste Variante: den Gegner unter vier Augen lächerlich machen. Das hat den Vorteil, dass es keine Zeugen gibt und Sie verbal »hemmungslos« über den Mobber herfallen können.

Die zweite Variante: den Mobber ohne sein Beisein vor Kollegen der Lächerlichkeit preisgeben. Wie erwähnt, ist darauf zu achten, dass Sie nicht in gehässiger Weise über ihn herziehen. Tun Sie es dennoch, ist die Gefahr groß, dass die anderen spüren, dass Sie von Verzweiflung, Hass oder Rachsucht getrieben sind. Sie müssen souverän, also ohne besondere innere Beteiligung, eine Bemerkung fallen lassen, so als ginge es Ihnen nur darum, die anderen zu unterhalten, ihnen Spaß zu bereiten.

Die dritte Variante: in seiner Anwesenheit den Mobber vor Kollegen der Lächerlichkeit preisgeben. Auch hier gilt das oben schon Gesagte.

Lachen ist die größte Gefahr für den Mobber. Wenn andere ihn nicht mehr ernst nehmen – und wenn auch nur hinter vorgehaltener Hand, was er durchaus spürt –, ist sein Image bereits angekratzt, seine Macht wankend. Eine Passage in Umberto Ecos Roman »Der Name der Rose« macht dies deutlich. Dort sagt der blinde Mönch Jorge, dass wer lacht, sich nicht fürchtet, keine Angst vor der Macht, keine Angst vor der Ordnung hat.

Gegen das Lachen kann sich der Mobber nicht zur Wehr setzen. Er kann ernst bleiben, sein Gesicht wahren, aber in der Regel ist er bereits unterlegen, und er fühlt dies genau. Lacht man über ihn, trifft ihn das bis ins Mark.

Beispiel:

Den Mobber unter vier Augen lächerlich machen:
Frau Adam, 34 Jahre, seit vier Jahren in der Firma, wird seit ca. zwei Jahren von einer Kollegin gemobbt. Schon mehrmals musste Frau Adam deswegen ins Krankenhaus: akuter Erschöpfungszustand. Psychosomatische Beschwerden haben sich bei ihr eingestellt. Ihr Arbeitgeber sieht die Mobbingproblematik in dem Fünfzig-Personen-Betrieb nicht und sagt Frau Adam, dass sie ihre Probleme gefälligst selbst lösen soll. Ansonsten stünde es ihr frei zu kündigen. Die mobbende Kollegin, die von der Haltung des Arbeitgebers erfährt, sieht darin einen Freibrief für ihre Aktionen und verstärkt daraufhin ihren Terror Frau Adam gegenüber.

Frau Adam beginnt zunächst, nach Schwachstellen bei der Mobberin zu suchen. Es dauert nicht lange, und sie findet eine Möglichkeit, diese der Lächerlichkeit preiszugeben. Eines Tages, beide sind alleine, betrachtet Frau Adam ihre Kollegin mit einem mitleidigen und gleichzeitig spöttischen Blick und sagt zu ihr: »Wissen Sie eigentlich, dass Sie sich mit Ihrem fetten Hintern wie ein Nilpferd bewegen? Sie machen eine lächerliche Figur. Die ganze Abteilung lacht über Sie.«

Kommentar:
Frau Adam hat eine Schwäche bei ihrer Gegnerin gefunden. Zugegeben, es zeugt nicht gerade von Nächstenliebe, sich

über körperliche Gegebenheiten lustig zu machen. Doch als mir Frau Adam in der Beratung erzählte, was ihre Kollegin ihr im Laufe der Zeit alles angetan hatte, war das, was sie nun sagte, dagegen eine Bagatelle.

Natürlich wirkt ein solcher Satz nur, wenn er eine Schwachstelle beim Gegner trifft. Im Fall von Frau Adams Kollegin war das so. Es war für jedermann offensichtlich, dass die Kollegin sich ihres Aussehens – insbesondere ihres mächtigen Hinterteils – schämte und gehörige Komplexe hatte.

Die Mobberin reagierte auf Frau Adams Angriff völlig geschockt. Dann kam es zu einem kleinen emotionalen Ausbruch. Hier kann man gut auf die Strategie Nr. 13, Provokation, zurückgreifen und z. B. übertrieben freundlich sagen, dass man doch nur auf einen Missstand aufmerksam machen wollte, damit die Kollegin diesen abstellen könne – falls dies jemals möglich sei. Man kann auch pseudo-psychologische Argumente vorbringen – die im Einzelfall vielleicht sogar zutreffen –, z. B. dass es ihr dicker Hintern sei, der sie zum Mobbing veranlasse, die Kollegin also nicht durch ihren Kopf, sondern durch ihr Hinterteil in ihrem Verhalten bestimmt werde.

Dass auch alle anderen die Kollegin als wandelndes Nilpferd wahrnehmen, war eine gute Idee von Frau Adam. Damit verstärkte sie die Unsicherheit der Mobberin. Ein Tausendfüßler wurde einmal gefragt, wie er es denn schaffe, seine tausend Füße zu koordinieren. Darauf wusste der Tausendfüßler keine Antwort. Je mehr er jedoch darüber nachdachte, desto unkoordinierter bewegte er sich, weil er sich jetzt bewusst bewegen wollte.

Ist ein Gedanke erst einmal in den Kopf »gepflanzt«, ist es sehr schwer, ihn wieder loszuwerden – es sei denn, die betreffende Person ist sehr selbstsicher und von sich überzeugt. In den meisten Fällen jedoch trifft eine Äußerung wie die von Frau Adam einen sensiblen Punkt, der irgendwo gut versteckt zu sein scheint, aber durch ein auslösendes Moment sofort wieder ans Tageslicht kommt. Die Reaktion auf eine solche Äußerung kann nur emotional sein, unabhängig davon, ob ein anderer das mitbekommt oder nicht.

Das Resultat von Frau Adams Gegenwehr war nun, dass die Mobberin sich bewusster bewegte, um nicht mehr wie ein mit dem Hintern wackelndes Nilpferd zu erscheinen. Dadurch rief sie bei ihren Kollegen aber erst recht diesen Eindruck hervor.

Ein anderes Beispiel: Die Bemerkung eines Verkäufers seinem ihn schikanierenden Vorgesetzten gegenüber lautete: »Dass Frauen von Ihnen nichts wissen wollen, sieht doch jeder. Sie haben ein Gesicht, das nur eine Mutter lieben kann, und auch das nur, wenn die halb blind ist. Alle Kollegen lachen über Sie.« So gemein und rücksichtslos diese Bemerkung auch sein mag, so wirkungsvoll ist sie, wenn sie den wunden Punkt des Gegners trifft. Und damit hat man einen entscheidenden Etappensieg in der Auseinandersetzung mit dem Mobber errungen.

Beispiel:

Den Mobber ohne sein Beisein vor Kollegen lächerlich machen:
Meine Vorgesetzte, Frau Mustermann, hatte die Angewohnheit, beim Sprechen ihren Kopf mitunter wie eine Schlange zu bewegen. Dies imitierte ich in ihrer Gegenwart, wobei sie zunächst überhaupt nicht begriff, was ich da machte (vielleicht hat sie es ja bis heute nicht begriffen, denn häufig ist man für die eigenen Ticks blind – oder nicht intelligent genug, um das Verhalten eines anderen einordnen zu können). Ich imitierte ihre Kopfbewegung aber auch in der Mittagspause in Anwesenheit von Kollegen.

Sich über den schlechten Kleidungsgeschmack, die nachlässige Erscheinung meiner Vorgesetzten lustig zu machen, war ebenfalls kein Problem. Ihr Name war des Weiteren eine wunderbare Angriffsfläche für Verdrehungen und Übertreibungen. Meiner leider auch, aber dazu hatte Frau Mustermann nicht die nötige Phantasie.

Kommentar:
Wenn Sie ähnliche Aktionen wie die eben beschriebenen souverän durchführen, werden die Lacher auf Ihrer Seite sein. Vielleicht fragen Sie sich, was Ihnen das nutzen kann. Unterschätzen Sie nicht den gruppendynamischen Prozess, der in jedem Team, in jeder Abteilung wirksam ist. Wenn andere Kollegen den Mobber weniger ernst nehmen (durch Blicke, Gesten, Mimik) und der Mobber dies mitbekommt

(bzw. Sie dafür gesorgt haben, dass er es mitbekommt), verunsichert ihn dies mit der Zeit enorm.

Warum lachen die anderen über mich? Warum sehen die mich so komisch an? Was hatte eben dieser Blick zu bedeuten? All dies wird sich der Mobber fragen. Selbst dann, wenn die Kollegen sich dem Mobber gegenüber nicht anders verhalten als üblich, wird seine Phantasie – und das ist zutiefst menschlich – aus harmlosen Bemerkungen und Gesten früher oder später ein Problem machen. Vorausgesetzt natürlich, Sie haben bei Ihrem Gegner die Mine gelegt, wie dies z. B. Frau Adam getan hat.

Beispiel:

Den Mobber in seiner Anwesenheit vor den Kollegen lächerlich machen:
Als ich noch an den regelmäßigen Teambesprechungen unserer Abteilung teilnehmen durfte, versäumte ich keine Gelegenheit, Frau Mustermann zu widersprechen, mich – in vorsichtiger Weise – über sie lustig zu machen (z. B. durch schlangenähnliches Bewegen meines Kopfes, wenn ich sprach), sie mit Ironie zu provozieren. Da sie nicht dazu in der Lage war, sich mir gegenüber verbal zu behaupten, wurde jede Teamsitzung für sie zu einem Spießrutenlaufen.

Die Kollegen nahmen diese kleinen Spitzen meinerseits zunächst freundlich und wohlwollend hin, es machte Spaß. Mit der Zeit verging ihnen allerdings der Spaß, weil dies –

leider! – den eigentlichen Sinn der Teambesprechung blockierte. Dafür hatte ich zwar großes Verständnis, aber es interessierte mich dennoch nur am Rande, da mir meine persönlichen Interessen verständlicherweise mittlerweile wesentlich wichtiger waren. Die Konsequenz meines Verhaltens war, dass ich an den Teamsitzungen nicht mehr teilnehmen durfte – etwas, was vor dem Arbeitsgericht schwer zu erklären gewesen wäre.

Kommentar:
Diese Strategie-Variante gehört sicherlich zu den schwierigsten Aktionen, die Sie durchführen können. Sie sollten sich daher genau überlegen, ob Sie sich der Herausforderung gewachsen fühlen. Schließlich müssen Sie genau aufpassen, dass Sie eine bestimmte Grenze nicht überschreiten, Sie müssen den Mobber vor anderen lächerlich machen, ohne dadurch einen Imageverlust zu erleiden. Und was ebenfalls sehr wichtig ist: Sie dürfen sich nicht provozieren lassen.

Die Demütigung des Mobbers ist dann perfekt. Nichts ist schlimmer, als vor anderen Menschen bloßgestellt zu werden. Das, was Ihnen permanent passiert, nämlich dass Sie die Macht des Mobbers zu spüren bekommen, können Sie nun, und wenn auch nur für bestimmte Augenblicke, umkehren. Siegen Sie in der öffentlichen Auseinandersetzung, haben Sie Macht, und andere sehen, dass Sie diese Macht haben. Das hebt zum einen Ihre bisherige Ohnmacht in den Augen der Kollegen auf und macht Sie wieder zu einem zu respektierenden und ernst zu nehmenden Kollegen. Zum anderen wird die Macht des Mobbers in den Augen der Kollegen geringer. Das trifft den Mobber hart.

Es macht den Reiz dieser Strategie-Variante aus, dass nicht nur Sie Ihre Macht über den Mobber spüren, sondern dass auch andere dies tun. Dennoch: Setzen Sie diese Strategie-Variante nur sehr dosiert ein und nie so, dass man mit dem Mobber Mitleid bekommen könnte. Das würde nur auf Sie zurückfallen, und blitzschnell wären allein Sie der »Böse« im Spiel. Und hüten Sie sich, den Beifallsbekundungen und Solidaritätshinweisen der Kollegen über den Augenblick hinaus zu viel Bedeutung zu schenken. Über einen Spaß zu lachen, dazu sind viele bereit, aber alles, was darüber hinausgeht, wird in der Regel lästig.

Strategie Nr. 15: Machen Sie Fehler, die keine sind, um den Mobber in eine Falle zu locken!

Ziel der (Offensiv-)Strategie:

Locken Sie den Mobber in eine Falle, indem Sie sich dümmer stellen, als Sie sind.

Grundsätzliche Überlegungen:

Alle bisherigen Offensivstrategien liefen auf eines hinaus: den Mobber zu reizen, sodass er überreagiert, Fehler macht, die Sie zu Ihrem Vorteil nutzen können. Seine Wut, sein Hass auf Sie muss bis ins »Unendliche« gesteigert werden, damit er mehr und mehr unkontrolliert reagiert. Wenn Sie ihm nun eine Blöße bieten, wird er blindwütig zustoßen, weil er glaubt, es Ihnen endlich heimzahlen zu können. Ist diese Blöße aber nur fingiert, läuft Ihr Gegner ins Leere, und Sie haben einen Trumpf in der Hand.

Diese Strategie wirkt höchstens zweimal. Es ist unwahrscheinlich, dass Ihr Gegner auf die gleiche Strategie ein drittes Mal hereinfällt. Und so drückt es der japanische Schwertkämpfer Miyamoto Mushashi aus:

»Im Kampf mit dem Gegner ist es von Übel, mehrmals auf die gleiche Weise vorzugehen. Dass man dasselbe zweimal tut, ist unvermeidlich, aber ein drittes Mal nie. Wenn du dem Gegner mit einer Taktik kommst und keinen Erfolg hast, wird bei einem zweiten Versuch die Wirkung noch geringer sein. Wechsle die Taktik, und wenn du wieder keinen Erfolg hast, so wechsle sie abermals.«[12]

Beispiele:

Beispiel 1:
Ein Arzt, der in einer Gesundheitsbehörde arbeitete, schilderte mir folgende Situation: Seine Aufgabe bestand unter anderem darin, dass er Kuren verschrieb. Eine dieser Kuren sollte im Ausland stattfinden. Als dies der Leitung der Behörde bekannt wurde, wurde der Arzt sofort zu ihr gerufen. Da er schon seit geraumer Zeit von seinen Vorgesetzten gemobbt wurde, glaubte man nun, eine Gelegenheit gefunden

zu haben, ihm Fehlverhalten nachweisen zu können. Doch die Leitung hatte falsch recherchiert; der Arzt konnte nachweisen, dass es nur im Ausland möglich war, diese spezielle Kur anzutreten.

Beispiel 2:
Herr Krieger, 38 Jahre, seit über zwei Jahren von seiner Vorgesetzten gemobbt und seit zwei Jahren erfolgreich beim Gegenmobben, erzählt einem Kollegen, dass er bei Kundenabrechnungen einen Fehler gemacht und zu viele Beiträge berechnet habe. Da er die Schreiben noch nicht hinausgeschickt habe, wolle er den Fehler am nächsten Tag bereinigen. Herr Krieger weiß, dass der Kollege diese Information an seine Vorgesetzte weitergeben wird.

Den Vormittag über hält sich Herr Krieger in seinem Büro auf, in der Mittagspause verlässt er es und versteckt sich in der Kundentoilette. Durch die nicht ganz geschlossene Tür kann er beobachten, was nun geschieht. Nach einer Viertelstunde sieht er, wie seine Vorgesetzte den Gang entlangkommt und mit dem Generalschlüssel sein Büro aufschließt. Herr Krieger lässt ihr einige Minuten Zeit. Dann nimmt er seinen Fotoapparat, geht zu seinem Büro, öffnet ruckartig die Tür und ertappt seine Vorgesetzte, wie sie seinen Schreibtisch durchwühlt. Er ruft laut: »Überraschung!«, und fotografiert die Szene. Dann schließt er ohne ein weiteres Wort die Bürotür hinter sich und geht zur Mittagspause. Dass die Information, die er seinem Kollegen gegeben hat, falsch war, bedarf hier kaum noch der Erwähnung.

Beispiel 3:
Herr Adler, 42 Jahre, seit ca. einem Jahr gemobbt, hat einen cholerischen Kollegen, der, wann immer möglich, seine Arbeit schlecht macht. Sind sie allein, beleidigt er Herrn Adler aufs Schlimmste. Im Laufe der Mobbingberatung lernt Herr Adler, wie über eine bestimmte Mimik und Gestik diese Beleidigungen an Intensität gewinnen können.

Als Herr Adler seinen Kollegen auf diese Weise provoziert, fällt dieser in eine Art Beleidigungsrausch. Herr Adler versucht, seinen Kollegen zu beschwichtigen, was aber alles nur noch schlimmer macht. Nach ca. zehn Minuten verlässt Herr Adler den Raum, begibt sich zu einem Vorgesetzten und spielt diesem die Beleidigungen auf Band vor. Der Vorgesetzte ist entsetzt, denn der Kollege hatte immer abgestritten, dass er Herrn Adler beleidige. Sofort wird ein klärendes Gespräch vereinbart.

Beispiel 4:
Herr Kunz, 48 Jahre, der seit drei Jahren gemobbt wird, seit einem Jahr im Gegenmobbing aktiv ist, provoziert seinen Kollegen unter vier Augen. Er reizt ihn über spezielle Bemerkungen derart, dass dieser die Kontrolle über sich verliert und auf Herrn Kunz einzuschlagen beginnt. Herr Kunz wehrt sich nicht. Er schreit laut um Hilfe, schützt seinen Körper. Eine Sekretärin und ein Kollege stürzen in das Büro und sehen, wie Herr Kunz am Boden liegt und sein Angreifer mit geballter Faust über ihm steht.

Kommentar:

Werden Sie gemobbt, stellen Sie recht bald fest, dass Ihre Konzentration bei der Arbeit nachlässt und sich möglicherweise Fehler einschleichen, weil Ihre Gedanken ständig um das Mobbing kreisen. Gelingt es Ihnen, den Mobber selbst in eine Situation zu bringen, in der er psychisch angeschlagen ist, erhöht sich die Wahrscheinlichkeit, dass er einen Fehler macht.

Das Beispiel 2 war das Ergebnis einer sorgfältigen Planung. Herr Krieger wusste, dass seine Vorgesetzte mit den »Nerven am Ende« war und ihn unverhohlen hasste. Dass sie sich eine Gelegenheit entgehen lassen würde, um ihm einen eklatanten Fehler nachzuweisen, war sehr unwahrscheinlich. Herr Krieger vergrößerte die Chance, dass seine Vorgesetzte an diesem Tag sein Büro durchsuchen würde, weil er einen bestimmten Kollegen wissen ließ, dass er am nächsten Tag den Fehler korrigieren würde. Nur so konnte er sie auf frischer Tat ertappen.

Wichtig ist, dass Sie bei Ihrem Gegner Zeitdruck aufbauen, um die Situation besser kontrollieren zu können. Ein gewisses schauspielerisches Talent kann ebenfalls von Vorteil sein, wenn Sie andere von etwas überzeugen wollen, was nicht der Wahrheit entspricht.

Eine andere, wenn auch recht aufwändige Möglichkeit ist die, eine Kamera im eigenen Büro zu installieren und das Kommende zu filmen. Ebenfalls erfolgversprechend kann sein, ein gutes Aufnahmegerät im Büro zu verstecken. Manche Menschen sprechen nämlich bei ihren Aktivitäten, zum einen aus Gewohnheit, zum anderen, um die Peinlichkeit der Situation zu überwinden, falls sie zum ersten Mal ein Büro durchsuchen. Handelt es sich um zwei Mobber, die sich in Ihrem Büro zu schaffen machen (weil sie sich vielleicht alleine nicht trauen), können Sie sicher sein, dass sie dabei sprechen werden.

Für alle jene unter Ihnen, die sich nicht vorstellen können, dass Kollegen und Vorgesetzte fremde Büros oder Schreibtische nach belastendem Material durchsuchen (etwa Privatlektüre oder private Kalender, die Informationen über Sie preisgeben, oder Unterlagen, die eine Nebentätigkeit beweisen etc.), sei gesagt, dass ein solches Verhalten zum Standardrepertoire eines Mobbers gehört.

Selbst wenn ein Mobber auf eine von Ihnen gestellte Falle nicht hereinfallen sollte, hat das für Sie einen Vorteil, denn nun weiß Ihr Gegner nicht mehr sicher, ob er den Informationen trauen kann, die er über Sie bekommt. Diese könnten ja von Ihnen gezielt gestreut sein. Damit machen Sie sich auf eine zusätzliche Weise »unsichtbar« für ihn.

Strategie Nr. 16: Erforschen Sie das Vorleben des Mobbers, und suchen Sie systematisch nach Fehlern!

Ziel der (Offensiv-)Strategie:

Kehren Sie den Spieß um. Versuchen Sie, Ihren Gegner in die Enge zu treiben, indem Sie in seiner Vergangenheit forschen.

Nichts verängstigt einen Mobber so sehr, wie selbst plötzlich in der Schusslinie zu stehen.

Grundsätzliche Überlegungen:
Diese Strategie hat natürlich nur dann Erfolg, wenn es Ihnen gelingt, Material gegen den Mobber zu finden. »Wissen« Sie, dass Ihr Gegner einen dunklen Fleck auf seiner Weste hat, können es aber nicht beweisen, so können Sie ihn trotzdem in Angst und Schrecken versetzen, weil er nicht wissen kann, was Sie alles wissen. Allein die Vorstellung, nun selbst Opfer zu sein bzw. werden zu können, verunsichert den Mobber ungemein. Und auch dies führt letztlich dazu, dass er in seinen Handlungen immer emotionaler und übertriebener auf Sie reagieren wird.

Beispiele:

Beispiel 1:
Frau Kattelmann, 29 Jahre, seit einem Jahr von ihrem Vorgesetzten gemobbt und sexuell (verbal) belästigt, beginnt, in der Vergangenheit ihres Chefs nachzuforschen. Sie erfährt, dass er vor mehreren Jahren eine Auszubildende belästigt hat und diese seine Annäherungen abwehrte. Daraufhin mobbte er sie so lange, bis sie die Ausbildung abbrach.

Frau Kattelmann setzt sich mit der Auszubildenden in Verbindung. Sie erfährt Einzelheiten. Sie wendet sich nun an den Geschäftsführer ihrer Firma. Der sieht sich genötigt, mit Frau Kattelmanns Vorgesetztem ein Gespräch zu führen (bisher hatte er nie reagiert) – was jedoch nur unverhältnismäßig zu einer Verbesserung des Arbeitsklimas beiträgt. Der Vorgesetzte ist nur vorsichtiger geworden, und aufgrund seiner Position wird er mehr oder weniger vom Geschäftsführer gedeckt.

Frau Kattelmann beschließt also, ihr Vorgehen zu intensivieren. Sie bittet ihren Vorgesetzten um ein Gespräch und eröffnet ihm, die Informationen über ihn an seine Familie weiterzugeben. Der Vorgesetzte zeigt sich wenig beeindruckt. Frau Kattelmann setzt sich trotzdem mit der Ehefrau des Mobbers in Verbindung.

In einem weiteren Gespräch teilt sie mit, dass sie sich an die Presse wenden wird, falls ihr Vorgesetzter sein Verhalten nicht ändert. Das wirkt schlagartig. Außer gelegentlichen verbalen Ausrutschern, mit denen Frau Kattelmann leben kann, hat sich das Arbeitsklima für sie verbessert. Trotzdem empfindet sie die Situation auf Dauer nicht positiv, da sie glaubt, ständig aufpassen zu müssen, dass ihr Vorgesetzter nicht eine Intrige gegen sie spinnt. Nach einem Jahr kündigt sie und wechselt in eine andere Stellung.

Beispiel 2:
Als ich bemerkte, dass meine Vorgesetzten sich an die Seite von Frau Mustermann stellten, war mir klar, dass ich ihr Mobben gegen mich nur beweisen konnte, indem ich versuchte herauszufinden, wie sie sich in früheren Dienstverhältnissen ihren Mitarbeitern gegenüber verhalten hatte. Ich ging davon aus, dass sie auch in der Vergangenheit gemobbt

hatte, denn mein Eindruck war, dass dies zu ihrer Persönlichkeit gehörte.

Also recherchierte ich und bekam heraus, dass Frau Mustermann auch an ihrer letzten Stelle Mitarbeiter terrorisiert hatte. Unter anderem hatte sie einer Sekretärin, die sich weigerte, am Wochenende Akten zu bearbeiten, diese an den Kopf geworfen. Auch hörte ich, dass sie Mitarbeiter, die nicht das taten und dachten, was sie für richtig hielt, regelrecht psychisch quälte.

Beim nächsten Gespräch mit meinen Vorgesetzten und mit Vertretern des Personalamtes erwähnte ich obige Informationen. Doch niemanden schien das zu interessieren; die Information wurde ignoriert.

Kommentar:

Die Wirksamkeit dieser Strategie ist nur dann gegeben, wenn Ihre Vorgesetzten sich für das von Ihnen gesammelte Material auch wirklich interessieren und nun gegen den Mobber vorgehen. Ist dies nicht der Fall, haben Sie – so bedauerlich das auch ist – endlich Klarheit darüber gewonnen, wie Ihr Arbeitgeber Stellung bezieht: für Sie oder gegen Sie, obwohl Sie unschuldig sind. Bei Letzterem sollten Sie unbedingt die nächsten beiden Strategien verinnerlichen, denn dann kann es nur noch darum gehen, dass Sie den bestmöglichen Abgang für sich arrangieren und auch nicht vor der Einbeziehung der Öffentlichkeit zurückschrecken.

Falls Sie eine belastende Information über den Mobber haben und dies in einem vertraulichen Gespräch mit ihm zur Sprache bringen, können Sie Glück haben, und der Mobber stellt seine Aktionen gegen Sie ein. Es kommt darauf an, wie Ihr Gegner das, was Sie gegen ihn in der Hand haben, für sich gewichtet. Hüten Sie sich davor, bei schwer wiegenden Belastungen Ihr Rachebedürfnis zu befriedigen. Versuchen Sie lieber, damit eine Patt-Situation auszuhandeln, in der jeder den anderen in Ruhe lassen kann.

Hier muss es sich allerdings um eine Information handeln, die sein ganzes Arbeitsleben lang für den Mobber von Bedeutung ist.

Andernfalls laufen Sie Gefahr, dass die Information mit der Zeit keinen Wert mehr hat, und dann wird der Mobber alles versuchen, um Sie aus dem Weg zu räumen. Ist es absehbar, dass die Information sich allmählich abnutzen wird, sollten Sie besser zum vernichtenden Gegenschlag ausholen. Das heißt: Sie verbreiten die Information, die Sie natürlich beweisen müssen, und dann auch beweisen können.

Strategie Nr. 17: Nutzen Sie die natürliche Angst der Institution vor der Öffentlichkeit!

Ziel der (Offensiv-)Strategie:

Setzen Sie Ihren Willen konsequent durch. Lassen Sie sich durch nichts darin beirren. Setzen Sie Ihren Arbeitgeber gezielt unter Druck.

Grundsätzliche Überlegungen:

Wenn Sie diese Strategie verwenden, dann hat sich der Arbeitgeber in der Regel auf die Seite des Mobbers geschlagen. Die Gründe hierfür sind unterschiedlich. Zum einen kann es aus Gleichgültigkeit geschehen oder aus Unkenntnis dem Phänomen Mobbing gegenüber, zum anderen kann der Mobber für den Arbeitgeber von so großer Wichtigkeit sein, dass es für ihn leichter ist, sich von Ihnen zu trennen als von ihm. Ihnen kann es letztlich gleichgültig sein, aus welchen Gründen sich Ihr Arbeitgeber gegen Sie stellt. Wichtig ist lediglich, dass Sie aus dieser Tatsache die richtigen Folgerungen ziehen und sich nicht mehr von falscher Loyalität Ihrem Arbeitgeber gegenüber leiten lassen.

In der vorherigen Strategie setzte Frau Kattelmann ihren Arbeitgeber unter Druck, indem sie drohte, wegen der sexuellen Belästigung an die lokalen Zeitungen heranzutreten. Natürlich ist dieses Vorgehen nicht ohne Risiko. Der Arbeitgeber kann sich auf den Standpunkt stellen, dass er sich nicht unter Druck setzen lassen will. Der Grund dafür kann ein prinzipieller sein, unabhängig davon, ob er nun glaubt, dass Sie gemobbt werden oder nicht. Zwar ist eine derartige Haltung völlig kurzsichtig, weil das Renommee der Institution leidet und man nie weiß, was dadurch noch alles an die Oberfläche gespült wird, doch Menschen verhalten sich nicht immer rational.

Für Sie ist wichtig – sollten Sie diese Strategie verwenden wollen –, dass Sie fest entschlossen sind, Ihre Drohung wahrzumachen. Andernfalls würde man Sie nicht mehr ernst nehmen können. Ihr Arbeitgeber, und nicht nur der Mobber, muss wissen, dass Sie ein Gegner sind, den man nicht unterschätzen darf. Damit verschaffen Sie sich eine dem Mobber gegenüber vergleichbar starke Position.

Im Übrigen können Sie für die Zukunft Folgendes beherzigen: Legen Sie präventiv Dossiers über Vorgesetzte und Kollegen an, wenn Sie eine neue Stelle antreten. Sammeln Sie Informationen über Fehlverhalten, Vertuschungen, Unregelmäßigkeiten etc. Im Lauf der Zeit kann da schon einiges zusammenkommen. Es geht keinesfalls darum, diese Informationen zu missbrauchen, sondern lediglich darum, auf sie zurückgreifen zu können, sollten Sie beispielsweise gemobbt werden und Ihr Arbeitgeber unternimmt dagegen nichts. Wissen ist Macht – dieser simple Satz kann in bestimmten Fällen eine ganz besondere Bedeutung gewinnen.

Beispiel:

Frau Kattelmann hatte sich sehr genau überlegt, ob sie ihren Arbeitgeber unter Druck setzen soll. Schließlich entschied sie sich dafür, weil ihre Lage hoffnungslos war. Sie wusste, dass die Position ihres Vorgesetzten aufgrund seiner hervorragenden Arbeitsleistungen schier unangreifbar war. So bedurfte es eines anderen Mittels als des normalen Gesprächs.

Als Frau Kattelmann dem Geschäftsführer mit der Zeitung drohte, reagierte dieser sehr enttäuscht, verletzt, beleidigt, sodass sie kurz davor stand, einen Rückzieher zu machen. Doch noch während der Unterredung machte sie sich klar, dass sie mit dem Rücken zur Wand stand. Es gab für sie keine andere Möglichkeit, zu ihrem Recht zu kommen. Sie wusste, dass sie im Ernstfall ihre Drohung wahr machen musste, und dass es deshalb wichtig war, ihrem Arbeitgeber mit aller Entschlossenheit und Skrupellosigkeit gegenüberzutreten, um in ihrem Anliegen ernst genommen zu werden.

Kommentar:
Ein solches Vorgehen wie bei dieser Strategie lässt in der Regel nur einen Schluss zu, nämlich dass das Arbeitsverhältnis bereits sehr stark zerrüttet ist. Ihnen muss klar sein, dass der Arbeitgeber den Druck, den Sie auf ihn ausüben, nicht vergessen wird. Von nun an sind Sie ein »gefährlicher« Mitarbeiter. Die Frage der Loyalität stellt sich Ihrem Arbeitgeber, obwohl Sie ja nur um Ihr Recht kämpfen, in aller Ruhe Ihrer Arbeit nachgehen zu können. Zeigen Sie Macht, verärgert das jene, die bisher glaubten »unumschränkte« Macht zu haben.

Doch machen Sie sich auch klar, dass, unabhängig vom Mobbing, heutzutage die meisten Arbeitgeber Sie erbarmungslos in die Arbeitslosigkeit entlassen, wenn Ihre Mitarbeit sich nicht mehr für sie rechnet. Ein Arbeitsverhältnis ist kein Familienverhältnis. Dort finden Sie nicht Geborgenheit, Sicherheit, Vertrauen, Wärme (siehe dazu Strategie Nr. 2, S. 132 ff.). Denn bei der Arbeit geht es letztlich nur um Arbeit, um nichts sonst. Sie sind ein Mensch, der seine Arbeitskraft vermietet, um eine bestimmte Tätigkeit zu verrichten, mit der ein anderer Geld verdient.

Ihre Loyalität, Ihre Anhänglichkeit sollten auf eine bestimmte Zeit begrenzt sein. Sobald sich die Bedingungen verändern, sollten sich auch Ihre Loyalität, Ihre Anhänglichkeit verändern. Denken Sie daran, dass Sie prinzipiell ersetzbar sind. Und das jederzeit – auch wenn Sie dies nicht glauben, Ihr Arbeitsplatz Ihnen zur zweiten Heimat geworden ist und Sie aus Sympathie für Ihren Arbeitgeber oder aufgrund Ihrer Arbeitseinstellung mehr arbeiten, als es gut für Sie ist.

Als ich feststellte, dass meine Vorgesetzten sich nicht dafür interessierten, dass ich gemobbt wurde, und auch nicht dafür, dass es zu einer Rehabilitation meiner Person kam, wusste ich, dass der Kampf nun nicht mehr zwischen zwei Personen stattfand, sondern sich auf die gesamte Institution ausdehnen musste. In Absprache mit meinem Rechtsanwalt setzte ich ein Schreiben auf, in dem ich andeutete, dass ich nicht davor zurückscheuen würde, mein Problem öffentlich zu machen (Presse, andere Institutionen, das für die Behörde zuständige Ministerium).

Natürlich gab es daraufhin erst einmal keine Reaktion. Dass ich von nun an als eine »gefährliche«, mit Sicherheit aber sehr unbequeme Person eingestuft werden würde, ließ mich ziemlich kalt. Mir war mittlerweile bewusst, dass ich in dieser Institution keinerlei Zukunft mehr hatte. Von nun an ging es nur noch darum, einen geordneten und siegreichen Rückzug anzutreten, und das bedeutete, meinen Abgang dramatisch zu inszenieren und die Höhe der Abfindungssumme zu meinen Gunsten zu beeinflussen.

Wenn man glaubhaft macht, dass es einem gleichgültig

ist, beim Schritt in die Öffentlichkeit selbst in das Schussfeld zu geraten, wird den Vertretern eines Unternehmens langsam die Bedrohlichkeit der eigenen Situation und die Anfälligkeit der Organisation für interne Angriffe bewusst. Jede Institution hat Angst davor, ihr gutes Image zu verlieren. Und auch wenn in unserer schnelllebigen Zeit eine Nachricht rasch veraltet sein kann, so kann doch ein dunkler Schatten zurückbleiben. Machen Sie sich diesen Umstand zunutze.

Strategie Nr. 18: Suchen Sie gezielt nach »Leichen im Keller« Ihres Arbeitgebers!

Ziel der (Offensiv)-Strategie:

Greifen Sie Ihren Arbeitgeber zunächst im Geheimen an. Weiten Sie den Kriegsschauplatz aus – Ihr Arbeitgeber hat sich lange genug vor seiner Verantwortung gedrückt. Verunsichern Sie das gesamte System. Im besten Fall legen Sie es lahm.

Grundsätzliche Überlegungen:

Es gibt kaum eine Institution, die nicht irgendwelche »Leichen im Keller« vergraben hätte. Damit ist gemeint, dass es größere oder kleinere Unregelmäßigkeiten, Lügen, Betrügereien oder Schwindeleien, unsaubere finanzielle Aktionen etc. innerhalb einer Institution gibt, die, kämen sie an die

Öffentlichkeit, Ihrem Arbeitgeber schaden würden. Diese Strategie kann in Kombination mit der vorigen Strategie angewandt werden.

Legen Sie nicht nur Dossiers über Einzelpersonen an, sondern auch ein Dossier über die Institution als Ganzes. Auch hier empfiehlt sich ein vorsorgliches Vorgehen, wenn Sie eine neue Stelle antreten. Gehen Sie wie ein Detektiv vor. Halten Sie Augen und Ohren stets offen. Meistens ignoriert man bestimmte Vorfälle, denkt sich seinen Teil dazu und geht dann zur Tagesordnung über. Dass aber genau derartige Informationen einmal zu einer entscheidenden Waffe gegen den Arbeitgeber werden könnten, daran denkt zunächst niemand.

Doch genau das sollten Sie tun. Nicht, um Ihren Arbeitgeber tatsächlich »auffliegen« zu lassen, denn damit geben Sie Ihr Druckmittel aus der Hand und können es so nicht mehr zu Ihrem Vorteil nutzen. Allein Ihr Wissen und die Drohung, dass Sie etwas tun könnten, was der Institution schadet, macht Sie zu einem mächtigen Gegner. Da diese Strategie dazu dienen soll, Ihre Abfindung zu erhöhen, müssen Sie sich sehr genau überlegen, ob Sie mit Ihrer Waffe drohen oder ob Sie sie wirklich einsetzen wollen. Denn bedenken Sie: Ab einem gewissen Eskalationsgrad ist es besser zu gehen als zu bleiben. Andernfalls hält Sie nur falscher Stolz oder Rechthaberei. Beides trägt nicht dazu bei, dass Sie sich an Ihrem Arbeitsplatz wohl fühlen. Verschaffen Sie sich einen starken Abgang, d. h. eine Abfindung, die höher als üblich ausfällt und die Ihnen ein gutes finanzielles Polster bietet. Sie bekommen das Übliche nur, wenn Sie machtlos sind, und dann auch nur, wenn Sie darum kämpfen. Sind Sie hingegen mächtig – und eine bestimmte Information kann Ihnen wie gesagt Macht verleihen –, kann sich das gewaltig auf die Höhe Ihrer Abfindung auswirken. Es ist wichtig, dass Sie Ihrem Arbeitgeber nicht direkt drohen, ihn aber wissen lassen, dass Sie etwas wissen, und dass Sie dieses Wissen nicht für sich behalten werden, wenn sich Ihre Situation nicht zu einem gewissen Vorteil für Sie ändern wird. Das »Sprechen durch die Blume« ist eine Kunst, die Sie lernen sollten. Nachfolgendes Beispiel kann dies verdeutlichen.

Beispiel:
Als Frau Kattelmann (K) ihren Arbeitgeber (A) aufsuchte, um ihm mit der Öffentlichkeit zu drohen, hatte Sie zuvor mit ihrem Rechtsanwalt darüber gesprochen. Sie nahm sich vor, in »deutlicher Undeutlichkeit« zu sprechen. Steigen wir mitten in das Gespräch ein, das sich sinngemäß folgendermaßen entwickelte:

K: »Herr Struwe, ist Ihnen bekannt, dass Herr Meier schon in der Vergangenheit eine Auszubildende sexuell belästigt hat?«

A: »Frau Kattelmann, das ist mir völlig neu. Ich hoffe, Sie können diese Anschuldigung beweisen!«

K: »Kein Problem, Herr Struwe. Die Auszubildende ist bereit, Ihnen dies zu bestätigen!«

A: »Schön und gut. Aber was soll das alles?«

K: »Ich möchte, dass Sie Herrn Meier verbieten, mich

weiterhin zu mobben, und dass Sie ihm sagen, dass er seine sexuellen Belästigungen einstellen soll!«

A: »Das ist ja alles nicht erwiesen, Frau Kattelmann!«

K: »Ich denke da auch an das Wohl unserer Institution. Stellen Sie sich vor, es würde der Öffentlichkeit bekannt werden, dass hier bei uns in schöner Regelmäßigkeit Frauen sexuell belästigt werden. Ich denke nicht, dass dies dem Image unseres Unternehmens zuträglich wäre!«

A: »Frau Kattelmann! Höre ich da richtig heraus, dass Sie uns erpressen wollen? Ich glaube, wir sollten dieses Gespräch schnell beenden, bevor Sie sich um Kopf und Kragen reden!«

K: »Herr Struwe! Ich will Sie nicht erpressen, da haben Sie mich völlig missverstanden. Ich sage Ihnen hiermit deutlich, dass ich nicht gewillt bin, mich von Herrn Meier wie bisher behandeln zu lassen, und dass ich alles, ja alles tun werde, um mich vor diesen Angriffen zu schützen und meine Interessen zu vertreten. Mehr sage ich nicht. Alles andere, Herr Struwe, liegt von nun an bei Ihnen!«

Kommentar:

Es gehört feste Entschlossenheit dazu, auf obige Weise dem eigenen Arbeitgeber gegenüberzutreten. Es mag nicht jedermanns Sache sein, sich so zu verhalten. Doch bedenken Sie: Es geht um Ihr Wohl, um Ihre Gesundheit, um Ihre Zukunft, und Ihre Gegner – dazu gehört jetzt auch Ihr Arbeitgeber bzw. die Institution – werden keinerlei Skrupel haben, Sie weiter leiden zu lassen. Überlegen Sie es sich gut, ob Sie einem falschen Loyalitätsideal dienen wollen oder lieber sich selbst.

Falls Ihr Gegenüber das »Sprechen durch die Blume« nicht versteht oder nicht verstehen will – vielleicht, weil er denkt, dass Sie dann einen Rückzieher machen –, müssen Sie etwas »deutlicher« werden, indem Sie Beispiele anführen, Hypothesen aufstellen, mögliche Szenarien darstellen. Besprechen Sie zuvor jedoch auf jeden Fall Ihr Vorhaben mit einem Anwalt, damit Sie keine Fehler begehen und Ihnen dann am Ende Nachteile aus Ihrem Handeln entstehen.

Die Zusatz-Strategien

Strategie Nr. 19: Wenn Sie von mehreren Personen gemobbt werden, nehmen Sie sich zunächst den Stärksten vor!

Ziel der (Offensiv-)Strategie:

Nutzen Sie eine zentrale menschliche Schwäche zu Ihrem Vorteil aus, indem Sie der Schlange den Kopf abschlagen, damit der Rumpf Ihnen nicht mehr gefährlich werden kann.

Grundsätzliche Überlegungen:

Die bisherigen Strategien bezogen sich primär auf die Auseinandersetzung mit einem einzelnen Mobber – was allerdings nicht bedeutet, dass sie nicht auch im Kampf gegen mehrere Gegner angewandt werden können. Lassen Sie sich von der Anzahl Ihrer Widersacher nicht beirren. Auch viele Gegner sind besiegbar. Wichtig ist hierbei nur, dass Sie den Hauptgegner von den übrigen isolieren. In der Regel gibt es immer einen Wortführer, um den sich eine Gruppe schart. In einem solchen Fall ist der Führer – neben den bereits bekannten Faktoren bezüglich der Psyche eines Mobbers – eine Person, die Publikum für ihre Aktionen braucht.

Vorgesetzte mobben im Allgemeinen allein. Schon durch ihre Position sind sie von anderen isoliert. Kollegen hingegen können sich zusammenschließen. Ob der Führer nun benannt ist oder nicht, ob eine Person sich für einen Führer hält oder nicht, es wird immer einen geben, an dem sich die Meute orientiert. Er ist der Planer, der treibende Motor, die Kraft, die alles in Gang hält und wahrscheinlich auch setzt.

Eine Gruppe von Mobbern braucht einen Sündenbock, jemanden, auf den alle Schuld, alle Verfehlungen (was immer das im Einzelfall auch sein mag) abgeladen werden können. Die Gruppe ist sich nur einig, wenn sie eine Person auserkoren hat, gegen die sie mit vereinten Kräften vorgehen kann. Eine solche Gruppe von der »Unschuld« des Gemobbten zu überzeugen ist fast eine Unmöglichkeit, und daher nicht der geeignete Weg, um die Gegner zu besiegen. Sie sind häufig unbelehrbar, weil ihre Abneigung gegen ihr Opfer ein in ihrer Psyche tief sitzendes Motiv befriedigt: auf Kosten anderer sich selbst besser, reiner und überlegener zu fühlen.

Indem ein Gegensatz produziert wird, kann eine Position viel besser vertreten werden. Jemanden zu mobben bedeutet, klare Fronten zu definieren – das gilt sowohl für den einzelnen Mobber als auch für die mobbende Gruppe. Die Trennung zwischen »Gut« und »Böse«, zwischen »Rein« und »Unrein« ist vollzogen, und diese befriedigende »Erkenntnis« lässt man sich nur schwer wieder nehmen. Was bleibt, ist, die Horde der sich überlegen fühlenden Personen kopflos zu machen, indem man den Führer dieser Gruppe besiegt und damit die anderen derart verunsichert, dass sie sich in ihre »Höhlen« zurückziehen.

Zunächst müssen Sie den Wortführer der Gruppe ausfindig machen. In der Regel ist dies einfach, weil er sich gerne zeigt und seine Macht präsentiert und auf seine Mitstreiter verweisen kann, die ihm den Rücken stärken. Weil er sich der Unterstützung der anderen sicher ist, hält er sich für unangreifbar. Wird ihm diese Sicherheit genommen, bricht er relativ schnell zusammen. Allerdings wird er sich, bis es so weit ist, sehr lange zur Wehr setzen, denn ein Führer muss kämpfen. Schließlich geht es um sein Ansehen in der Gruppe, und nichts fürchtet er mehr, als dieses zu verlieren und ins Mittelmaß abzugleiten.

Haben Sie den Führer der Mobbergruppe entdeckt, gehen Sie wie bei den anderen Strategien vor. Lassen Sie sich nicht von den Attacken der anderen in Ihrer Konzentration auf den Führer der Gruppe beirren. Andernfalls laufen Sie nur Gefahr, dass Sie sich verzetteln und schließlich blindwütig nach allen Seiten schlagen, ohne jemals irgendjemanden wirklich zu treffen.

Beispiel:

Herr Stecker, 35 Jahre, wird seit zwei Jahren von seinen Kollegen gemobbt und praktiziert seit ca. einem Jahr das Gegenmobbing. Er kann sich noch gut daran erinnern, wie alles begann. Es fing mit einer Auseinandersetzung an, die er mit einem älteren Kollegen, Herrn Behrend, hatte. Dieser schien offensichtlich neidisch zu sein, dass Herr Stecker bei seinen Vorgesetzten so beliebt ist.

Innerhalb von wenigen Wochen finden sich fünf Mitarbeiter, die sich auf die Seite von Herrn Behrend stellen. Es werden ironische Bemerkungen gemacht, dann spricht keiner dieser Kollegen mit Herrn Stecker auch nur ein Wort (außer es lässt sich gar nicht umgehen), und sie wenden sich demonstrativ ab, wenn er das Büro betritt. Das Mobbing steigert sich allmählich: Unterlagen verschwinden aus Herrn Steckers Schreibtisch, und man gibt ihm falsche Zeiten für Teambesprechungen bekannt.

Herr Stecker konzentriert sein Gegenmobbing auf Herrn Behrend. Natürlich stehen diesem die anderen fünf Kollegen bei. Es dauert mehrere Monate, bis der Führer der Gruppe die ersten Anzeichen einer angeschlagenen Psyche zeigt. Er fühlt sich zunehmend unter Druck gesetzt. Herr Stecker hingegen scheint jeden Angriff ohne sichtbare Regung lächelnd wegzustecken. Die Attacken der anderen Mitarbeiter ignoriert er völlig.

Schließlich wird Herr Behrend krank und bleibt vier Wochen lang dem Arbeitsplatz fern. In dieser Zeit widmet sich Herr Stecker einer weiteren Person aus der Gruppe und beginnt, diese unter Druck zu setzen und einzuschüchtern. Die Gruppe, kopflos geworden, agiert wie eine Horde aufgescheuchter Affen. Einige grüßen Herrn Stecker bereits wieder.

Als Herr Behrend wieder in den Betrieb kommt, ist die Allianz der Kollegen weitgehend zerbrochen, lediglich zwei unterstützen ihn noch. Ihre Aktionen haben jedoch nicht mehr die alte Schlagkraft. Mit der Zeit stellen auch diese beiden Kollegen ihr Mobbing ein – nicht zuletzt deswegen, weil sie feststellen, dass ihre früheren Mitstreiter sich neutral verhalten. Herr Behrend steht schließlich allein da. Er bittet um Versetzung, und diese wird ihm gewährt.

Kommentar:
Wichtig bei der Anwendung dieser Strategie ist, dass die Gruppe mitbekommt, dass ihr Führer massiven Angriffen ausgesetzt ist. Andernfalls bleibt die Strategie wirkungslos. Die Solidarität und Unterstützung, die die Gruppe ihrem Führer gibt, wird mit der Zeit für einzelne Personen dieser Gruppe lästig. Ständig müssen sie sich dessen Tiraden anhören (es liegt in der Natur der Sache, dass der Führer einer Mobbinggruppe sich seinen Kollegen anvertraut und sie für seine psychische Entlastung benutzt).

Ist es Ihnen gelungen, den Führer der Mobbinggruppe mit Hilfe der bisher vorgestellten Strategien zu schlagen, werden die anderen mit der Zeit vor Ihnen Angst bekommen. Es wird ihnen unheimlich sein, dass Sie sich gegen eine ganze Gruppe behaupten konnten und ihren Führer dermaßen in die Ecke gedrängt haben. Auch wenn es Ihnen peinlich und unangenehm sein sollte, dass man vor Ihnen Angst hat, ist es dennoch wichtig, dass Sie diese Angst schüren.

Wichtig ist ebenfalls, dass Sie die Friedens- bzw. Neutralitätssignale der Gruppenmitglieder nicht ignorieren. Sie und Ihre Kollegen müssen sich nicht gleich »lieben«, aber Sie sollten wieder zur Tagesordnung übergehen können. Schließlich geht es darum, das Betriebsklima zumindest so weit zu verbessern, dass eine Zusammenarbeit wieder möglich ist. Lassen Sie sich daher niemals von Wut oder Hass überwältigen und dazu verleiten, im Rausch Ihres Erfolges Friedensangebote abzulehnen.

Strategie Nr. 20: Spielen Sie Ihre Gegner gegeneinander aus!

Ziel der (Offensiv-)Strategie:

Treiben Sie einen Keil zwischen die Allianz Ihrer Gegner, damit diese nicht mehr koordiniert gegen Sie vorgehen können.

Grundsätzliche Überlegungen:

Bei der Anwendung dieser Strategie gibt es zwei Ausgangspositionen. Die eine ist, dass es zwei oder drei Kollegen gibt, von denen Sie gemobbt werden, die andere, dass es zwei Führer gibt, die einer Gruppe von Mobbern vorstehen. Auch hier gilt, die Hauptakteure mit Gegenmobbing zu attackieren, wobei Sie natürlich auch die Möglichkeit haben, parallel dazu gegen einen weiteren Kollegen vorzugehen. Überlegen Sie sich dies aber sehr gut, da der Kraftaufwand enorm ist. Hinzu kommt, dass die individuell unterschiedliche Psyche der Mobber erfordert, dass Sie für jede einzelne Person eine besondere Vorgehensweise planen müssen. Eine Alternative ist zu versuchen, die Mobber gegeneinander auszuspielen. »Versuchen« deshalb, weil es mit zu den schwersten Aktionen gehört, einen Keil zwischen Menschen zu treiben, die sich zu einem einzigen Ziel zusammengefunden haben: Sie zu besiegen.

Einen Keil zwischen Kollegen können Sie nur dann treiben, wenn Sie auf Ansatzpunkte stoßen, die zur Vermutung Anlass geben, dass zwischen diesen Kollegen auf irgendeine Weise Neid, Eifersucht oder Kompetenzgerangel bestehen bzw. unter bestimmten Voraussetzungen bestehen könnten. Dann können Sie dieses Wissen dazu benutzen, Mobber gegeneinander auszuspielen. Dazu setzen Sie – bei aller gebotenen Vorsicht – gezielt Gerüchte in Umlauf.

Wenn mehrere Personen sich zusammentun, um jemanden zu mobben, dann ist es wahrscheinlich, dass ein bestehendes Problem aus der Welt geschafft werden soll, indem man ein neues entstehen lässt: Ein Sündenbock wird gefunden. In diesem Fall sollte Ziel Ihrer Aktionen sein, nachzuforschen, welche Konflikte zwischen den Mobbern bestanden haben, bevor man Sie als Opfer auserkoren hat. Fragen Sie Kollegen, die nicht gegen Sie mobben. Fragen Sie vor allen Dingen Sekretärinnen, diese wissen oftmals sehr viel mehr, als man meinen könnte. Sammeln Sie Informationen, und gehen Sie dann zum Gegenangriff über, indem Sie Zwietracht zwischen den Mobbern säen.

Beispiel:

Frau Kerstenberg, 42 Jahre, wird seit zweieinhalb Jahren von drei Kolleginnen gemobbt. Zwei davon kommen für eine demnächst anstehende Beförderung in Frage. Frau Kerstenberg weiß, dass die beiden Kolleginnen, Frau Seeger und Frau Tenberg, aufeinander eifersüchtig sind und nur aufgrund von rationalen Erwägungen miteinander auskommen. Also beschließt Frau Kerstenberg, Frau Seeger in dieser sensiblen Phase mitzuteilen, dass Frau Tenberg sie für unfähig und arrogant hält.

Natürlich glaubt Frau Seeger Frau Kerstenberg nicht, hört aber in den nächsten Tagen, dass Ähnliches auch in einem anderen Zusammenhang gesagt wurde. Natürlich hat niemand anderer als Frau Kerstenberg dieses Gerücht in Umlauf gebracht. Als Frau Seeger Frau Tenberg darauf anspricht, streitet diese empört alles ab. Die Sache scheint bereinigt zu sein – bis Frau Seeger einen anonymen Brief auf ihrem Schreibtisch vorfindet, in dem steht, dass Frau Tenberg sie beim Chef angeschwärzt habe. Des Weiteren sucht Frau Kerstenberg immer dann die Nähe von Frau Seeger, wenn Frau Tenberg zugegen ist. Dann lächelt sie Frau Seeger freundlich an und verabschiedet sich überschwänglich von ihr, dabei wirft sie Frau Tenberg einen triumphierenden Blick zu.

Während der nächsten zwei Wochen kühlt sich das Verhältnis zwischen Frau Seeger und Frau Tenberg merklich ab. Der Ton zwischen beiden wird zunehmend schärfer und aggressiver. Frau Kerstenberg erlebt, dass die Angriffe gegen sie spürbar nachlassen. Die dritte Kollegin, von der Frau Kerstenberg gemobbt wird, ist mittlerweile am Ende ihrer Kräfte – Frau Kerstenberg hat sie ausgiebig mit Gegenmobbing attackiert.

Kommentar:
Das Entscheidende bei dieser Strategie ist, dass Sie auf Informationen stoßen, die es Ihnen ermöglichen, mindestens zwei Mobber gegeneinander auszuspielen. Sind die Mobber z. B. sehr gut befreundet, ist dies jedoch äußerst schwer. Sie müssen Gewohnheiten, Eitelkeiten, Vorlieben und berufliche Ziele der einzelnen Personen analysieren und dann eine geeignete Vorgehensweise entwickeln.

Hauptangriffspunkt bei dieser Strategie ist nach wie vor die Psyche Ihrer Gegner. Es gilt, den Samen des gegenseitigen Misstrauens bei den Kontrahenten zu säen. Dabei ist es völlig gleichgültig, ob Ihnen einer der Mobber glaubt oder nicht, denn ein Gedanke, hat er sich erst einmal eines Menschen bemächtigt, wird früher oder später seine Wirkung zeigen. Er arbeitet quasi im Verborgenen weiter. Vor allen Dingen dann, wenn es einen konkreten Anlass gibt zu glauben, dass ein Gerücht wahr sein könnte. In obigem Fall traf dies zu, weil eine Beförderung anstand, die beide Mobberinnen für sich beanspruchten.

Haben Sie einen geeigneten Anlass gefunden, geht es nun darum, gezielt einige Falschinformationen in Umlauf zu setzen. Werden Ihre Informationen durch andere Personen bestätigt, ist das von großem Vorteil. Fügen Sie drei, vier Informationen aneinander (z. B. dass eine bestimmte Person eine andere schlecht macht), und sehen Sie sich das darauf folgende Schauspiel in Ruhe an. In der Regel kommt es nämlich zu einer Eigendynamik, sodass ein weiteres Eingreifen Ihrerseits wahrscheinlich nicht mehr notwendig sein wird.

Zu viel Intervention ist ebenso schädlich wie zu wenig. Als Frau Kerstenberg bemerkte, dass Frau Tenberg zunehmend wütender auf Frau Seeger wurde, hielt sie sich in deren Nähe auf und suggerierte Frau Tenberg damit, dass Frau Seeger sich mit ihr verbündet hatte. Natürlich hat Frau Seeger dies, als sie danach gefragt wurde, abgestritten – was aller Wahrscheinlichkeit nach Frau Tenberg nur noch misstrauischer hat werden lassen, da sie ja »beobachtet« hatte, wie Frau Kerstenberg mit Frau Seeger umgegangen ist. Dass diese Beobachtung jedoch nichts anderes als die Interpretation der Ereignisse vor dem Hintergrund des eigenen Misstrauens war, ist aufgrund der persönlichen Verstricktheit in einen Sachverhalt für Menschen wie Frau Tenberg meist nicht erkennbar.

Aus Experimenten ist Folgendes bekannt: Erzählt man zwei Menschen, die sich nur flüchtig kennen, dass der eine sich in den anderen verliebt habe, lässt sich feststellen, dass die beiden ab sofort anders miteinander umgehen. Aufgrund der falschen Information werden Gesten, Blicke, Worte des jeweils anderen so verstanden, dass sie zur Information – der andere ist in mich verliebt – passen. Unterschätzen Sie nie die Macht der Gedanken, und nutzen Sie diese ganz gezielt für die Durchsetzung Ihrer eigenen Interessen.

Um diese letzte Strategie anwenden zu können, brauchen Sie, außer dass die Voraussetzungen dafür stimmen, aller Wahrscheinlichkeit nach viel Zeit. In unserem Beispiel kam Frau Kerstenberg die anstehende Beförderung ihrer Kolleginnen als geeigneter Anlass zu Hilfe, was den Erfolg ihrer Bemühungen beschleunigte. Im Allgemeinen dauert es länger, bis ausreichend viel Misstrauen zwischen zwei oder mehreren Kollegen gesät ist, um daraus Nutzen ziehen zu können. Dann heißt es, Geduld zu haben und abzuwarten, bis sich die ersten Erfolge einstellen.

Ausblick – Die Macht der Zuversicht

In einer alten chinesischen Geschichte wird ein weiser Mann vom Kaiser gebeten, für ihn einen Kampfhahn so zu trainieren, dass dieser unbesiegbar ist. Der weise Mann nimmt diese Aufgabe an. Die Zeit vergeht, und der Kaiser wird ungeduldig. Jedes Mal, wenn er den weisen Mann fragt, wann der Hahn in die Kampfarena geschickt werden könne, vertröstet ihn dieser. Doch schließlich ist es so weit, und er übergibt dem Kaiser den unbesiegbaren Hahn.

Der Kaiser freut sich, und im nächsten Hahnenkampf wird der Hahn in die Arena geschickt. Kein anderer Hahn wagt es jedoch, ihn anzugreifen. Der Hahn stolziert durch die Arena, und jeder seiner Kontrahenten weicht ihm aus. Der Kaiser ist darüber erzürnt und stellt den weisen Mann zur Rede. Doch dieser antwortet, seine Aufgabe habe er erfüllt: Der Hahn ist unbesiegbar, denn niemand wagt es, ihn anzugreifen.

Übertragen wir diese Geschichte auf den beruflichen Alltag, so bedeutet das, dass Sie allein durch das Ausstrahlen von Entschlossenheit und des Willens zum Widerstand potenzielle Mobber davon abschrecken, Sie zu ihrem Opfer machen zu wollen. So gesehen kann dieses Buch auch zur Vorbeugung beitragen. Wehren Sie Mobber ab, indem Sie ihnen durch Ihre Bereitschaft zur Gegenwehr signalisieren, dass Sie nicht bereit sind, sich am Arbeitsplatz terrorisieren zu lassen, und alles tun werden, um Gegner zu bekämpfen und Ihre Position zu behaupten.

Je mehr Sicherheit und Kampfbereitschaft Sie ausstrahlen, desto höher ist die Wahrscheinlichkeit, dass es niemand wagen wird, Sie zu attackieren. Diese Sicherheit und Kampfbereitschaft gewinnen Sie bereits dadurch, dass Sie wissen, im Ernstfall dem Mobbing nicht hilflos ausgeliefert zu sein. Denn mit diesem Buch haben Sie einen Notfallplan, den Sie jederzeit einsetzen können, wenn die konventionellen Methoden versagen.

Die Geschichte vom unbesiegbaren Hahn, der allein durch seine Ausstrahlung seine Gegner einschüchterte, macht aber auch deutlich, dass die Gegner die Ausstrahlung von Unbesiegbarkeit wahrnehmen und entsprechend darauf reagieren. Sind Mobber, beherrscht von ihren Gefühlen, jedoch unfähig dazu, wird Ihnen nichts anderes übrig bleiben, als um Ihr berufliches Überleben zu kämpfen. Mit den in diesem Buch vorgestellten Strategien werden Sie siegen.

Quellenverzeichnis

1 Wyrwa, Holger: Die Schlaraffenlandkinder. Econ, München [2]2001; Wyrwa, Holger: Endstation Schlaraffenland. Was tun, wenn Jugendliche ihre Eltern terrorisieren? Ullstein, Berlin 2001

2 Esser, A./Wolmerath, M.: Mobbing. Der Ratgeber für Betroffene und ihre Interessenvertretung. Bund-Verlag, Frankfurt a. M. [4]2001, S. 26 ff.

3 Ebd., S. 22

4 Leymann, Heinz: Mobbing. Psychoterror am Arbeitsplatz und wie man sich dagegen wehren kann. Rowohlt, Reinbek bei Hamburg 1994, S. 27

5 Decker, Franz: Teamworking. Gruppen erfolgreich führen und moderieren. Lexika-Verlag, München 1998, 3. überarb. u. erw. Auflage, S. 141 ff.

6 Resch, Martin: Wenn Arbeit krank macht. Ullstein, Berlin 1994

7 Esser, A./Wolmerath, M., a. a.O., S. 55

8 Gourmelon, A./Knabe-Gourmelon, G.: Die ersten 100 Tage oder Wie Sie es vermeiden, ein Mobbingopfer zu werden. In: Psychologie Heute, Heft 5/2002, S. 36–41

9 Sunzi: Die Kunst des Krieges. Droemer Knaur, München 1999

10 Ebd.

11 Mushashi, Miyamoto: Das Buch der fünf Ringe. Knaur, München 1974, S. 104

12 Ebd.

Literaturverzeichnis

Glasl, Friedrich: Konfliktmanagement. Ein Handbuch für Führungskräfte, Beraterinnen und Berater. Haupt-Verlag, Bern [6]1999

Leymann, Heinz (Hrsg.): Der neue Mobbing-Bericht. Erfahrungen und Initiativen, Auswege und Hilfsangebote. Rowohlt, Reinbek bei Hamburg 1995

Neuberger, O.: Mobbing. Übel mitspielen in Organisationen. Hampp Verlag, München 1999

Senger, Haro von: Anleitung zum Überleben. Chinesische Weisheit aus drei Jahrtausenden. dtv, München 1996

Zapf, D./Warth, K.: Subtile Kriegsführung am Arbeitsplatz. In: Psychologie Heute, Heft 8/1997, S. 20–29

Adressen von Mobbing-Beratungsstellen

Deutschland

AKIS (Aachener Kontakt- und Informationsstelle für Selbsthilfe)
Kaulbach 13
52962 Aachen
Tel.: 02 41/4 90 09

DAG-Landesverband Berlin und Brandenburg
Blissestr. 2–6
10713 Berlin
Tel.: 0 30/82 96 02 51

OASE (Selbsthilfe- und Kommunikationszentrum der Ruhr-Universität Bochum)
Buscheyplatz 3
44801 Bochum
Tel.: 02 34/3 22 23 32

KDA Braunschweig
Fritz-Reuter-Weg 5
38704 Liebenburg
Tel.: 0 53 46/9 24 00

KISS (Kontakt und Informationsstelle Dresden)
Ehrlichstr. 3
01067 Dresden
Tel.: 03 51/4 82 63 52

DAG in Hessen e.V.
Bockenheimer Landstr. 72
60323 Frankfurt
Tel.: 0 69/72 95 16 21 und
0 69/71 91 16 13

Beratungsstelle »Mensch und Arbeit«
Kurze Straße 13a
37073 Göttingen
Tel.: 05 51/4 33 73

Mobbingtelefon der AOK Hamburg
Tel.: 0 40/20 23 02 09

Arbeitskreis gegen Mobbing
Horchheimer Höhe
56076 Koblenz
Tel.: 0 26 07/66 09

Sozialpsychiatrischer Dienst beim Gesundheitsamt Ludwigsfelde/Zossen
Straße der Jugend 30a
14974 Ludwigsfelde
Tel.: 0 33 78/51 32 77

Konsens Mobbing Beratung e.V.
Postfach 830545
81705 München
Tel.: 0 89/60 60 00 70

Mobbing-Beratung und Selbsthilfegruppe
Vordere Sterngasse 1
90402 Nürnberg
Tel.: 09 11/24 44 94 90

Mobbing-Kontaktstelle Rostock
Henrik-Ibsen-Str. 20
18106 Rostock
Tel.: 03 81/71 00 20

Mobbing-Beratungsstelle der Deutschen Angestelltengewerkschaft (DAG) Stuttgart
Tel.: 07 11/2 29 25 43

Verein gegen psychosozialen Stress und Mobbing e.V.
Am Burgacker 70
65207 Wiesbaden
Tel.: 06 11/54 17 37

Österreich

Arbeiterkammer Salzburg
Markus-Sittikus-Straße 10
5020 Salzburg
Tel.: 06 62/8 68 72 08

ÖGB Wien
Hohenstaufengasse 10–12
1010 Wien
Tel.: 01/53 44 43 44

Schweiz

Mobbing-Zentrale Schweiz
Postfach 438
3065 Bollingen-Station
Tel.: 0 31/9 21 11 09

Mobbing Beratungsstelle Zürich
Josefstr. 79
8005 Zürich
Tel.: 0 44/4 50 10 16

Adressen im Internet

www.nakos.de (nationale Kontakt- und Informationsstelle zur Anregung und Unterstützung von Selbsthilfegruppen)

www.soliserv.de/mobbing_1.htm

www.mobbing-am-arbeitsplatz.de

www.dgb.de/themen/mobbing

www.mobbing-net.de

www.mobbing-help.de

www.mobbing-zentrale.de

www.mobbing-info.ch

www.vpsm.de

http://mensch-und-arbeit.dabakus.de

Register